S0-AJM-385

Sweet Belgium

Sweet Belgium

Liesbeth Inghelram
Robert Inghelram

stichting
kunstboek

Zich wagen aan een soort encyclopedie van Belgische zoetigheden is een enorme uitdaging. Zoetigheden bestaan in alle maten, vormen en gewichten. Er is gebak, koek, taart, ijs, chocolade en snoep. Sommige producten zijn universeel en worden overal gegeten, andere zijn eerder land- of streekgebonden. Ook de verschijningsperiode kan erg verschillen. Wat wij klassieke patisserie of confiserie noemen is tijdloos en behoort tot het assortiment van bijna elke bakker. Streekgebonden zoetigheden kennen soms een periodiek succes: erg gegeerd in het begin om dan te verdwijnen in het niets.

De vraag naar wat een Belgische zoetigheid is, is erg complex. Wordt het typisch Belgische karakter bepaald door de populariteit van een product op ons grondgebied of door zijn Belgische oorsprong? De producten hier verzameld zijn een combinatie van beide. We bespreken zowel historisch gegroeide of speciaal gecreëerde streekproducten, als de echte klassiekers uit de patisserie en confiserie die hier zo geliefd zijn.

De bedoeling van dit boek is niet zozeer een volledige lijst te geven van wat België zoal te bieden heeft qua zoetigheden, dat zou ons veel te ver leiden. Het is eerder een soort handleiding, een leidraad voor de zoetekauw om zelf op culinaire ontdekkingstocht te gaan en nieuwe producten te proeven of te herbeleven. Elk product wordt kort omschreven, daarna volgen enkele weetjes of wat geschiedenis.

Liesbeth Inghelram
Robert Inghelram

Embarking on the venture of putting together a type of encyclopedia on Belgian pastries and confectionery has proven to be a huge challenge. Sugary delicacies come in all kinds of forms, shapes and sizes such as pastries, biscuits, tarts, ice cream, chocolate and sweets. Some of the products are universal and are consumed everywhere, whilst others are specific to a certain country or area. The times at which the products are available can also vary a lot. What we have classed as classic pastry or confectionery is timeless though and is part of the product assortment of almost every baker. Regional sweet products are sometimes only successful for a limited period of time: from being very much in demand at the start, they disappear into thin air after a while.

The most complicated issue about this book was trying to define what exactly a Belgian sugary product is. Is it the popularity of a product on our territory that makes it eligible to be called typically Belgian, or is it rather its Belgian origin? The compilation of products incorporated in this book is a combination of both aspects. We are reviewing regional products which are the result of historical factors or have been created for a specific purpose, alongside the true classics in the pastry and confectionery world, cherished by many in this country.

The objective of this book is not to provide an exhaustive list of everything that is on offer in Belgium as far as sweet products are concerned – that would be taking things a few steps too far. It is more of a manual, a kind of guideline for sugar lovers who wish to go on a culinary voyage of discovery themselves and taste new products or relive old sensations. Every entry consists of a short product description, completed with some historical information or a few fascinating facts.

Liesbeth Inghelram
Robert Inghelram

Se risquer à une encyclopédie des friandises belges est une véritable gageure. En effet, il existe des sucreries de toutes les tailles, de toutes les dimensions, de toutes les formes. Elles se déclinent en pâtisseries, gâteaux, tartes, glaces, chocolat, friandises. Certaines sont universelles et se savourent partout, d'autres sont liées plus spécifiquement à un terroir, à une région. La période de création de ces douceurs, elle aussi, peut fortement varier de l'une à l'autre. Celles que nous qualifions de pâtisseries classiques ou de confiseries sont intemporelles et font partie de l'assortiment de la plupart des pâtissiers. Les plaisirs du palais régionaux connaissent parfois un succès périodique : fort plébiscités au début, ils finissent par se fondre dans le néant.

Définir une friandise est une tâche complexe. Qu'est-ce qui, de sa popularité dans notre pays ou de son origine, détermine le caractère typiquement belge d'un produit ? Les douceurs réunies ici associent les deux. Nous évoquons tant les régals régionaux qui ont évolué au fil de l'histoire que ceux créés pour une occasion spéciale, sans oublier les traditionnels de la pâtisserie et de la confiserie tant appréciés.

Cet ouvrage n'a pas l'ambition d'être exhaustif quant aux douceurs qu'offre la Belgique. Cela nous mènerait trop loin. Il s'agit plutôt d'une sorte d'aperçu, de guide des gourmands, pour qu'ils se lancent eux-mêmes à l'aventure, explorent de nouveaux délices, en redécouvrent d'autres. Chaque douceur est décrite brièvement. Suivent quelques données historiques et anecdotes… savoureuses.

Liesbeth Inghelram
Robert Inghelram

Aalsterse of Oost-Vlaamse Vlaai

Vlaaien worden gemaakt van melk, mastellen, eieren, kandijsiroop, bruine suiker, kristalsuiker, kaneel en foelie. De Aalsterse bruine vlaaien zijn over de hele wereld bekend dankzij Pieter Breughels schilderij *De spreekwoorden*. Op het schilderij 'groeien de vlaaien op het dak zoals in luilekkerland'. De bruine Aalsterse vlaaien worden in speciale vlaaienkommen klaargemaakt. Elders vindt men ook gele vlaai die met rijst of vruchtenbrij wordt gemaakt.

Aalst or East-Flemish Vlaai

The delicious tarts from Aalst are made from milk, *mastellen*, eggs, candy syrup, brown sugar, granulated sugar, cinnamon and mace. These brown gourmet pastries are known all over the world thanks to Pieter Breughel's 1559 oil-on-oak-panel painting *Netherlandish Proverbs*. One of the proverbs portrayed is 'to have the roof tiled with tarts', meaning to be living in the lap of luxury. The brown Aalst delicacies are baked in special ceramic dishes. In other areas you can also find yellow *vlaai* made with rice pudding or fruit mash.

Flan d'Alost ou de la Flandre orientale

Les flans se composent de lait, de mastelles, d'œufs, de sirop de sucre candi, de sucre brun, de sucre semoule, de cannelle et de macis. Les flans bruns d'Alost sont mondialement connus grâce à la toile de Pieter Bruegel *Les proverbes flamands*, qui présente 'des flans qui poussent sur le toit comme en pays de cocagne'. Les flans bruns d'Alost sont préparés dans des bols à flan spéciaux. Ailleurs, l'on trouve aussi des flans jaunes, réalisés à base de riz ou de pâte de fruits.

Aardbeientaart

Hoewel aardbeien tegenwoordig het hele jaar door te koop worden aangeboden, is aardbeientaart toch een seizoensgebonden product. In combinatie met zanddeeg of bladerdeeg en banketbakkersroom vormen de aardbeien een belangrijk dessert. De aardbeientaart kwam waarschijnlijk tot stand rond de eeuwwisseling van de 20ste eeuw, samen met het gebruik van banketbakkersroom en room die de taart beide een feestelijke toets geven.

Strawberry Tart

Although strawberries are on sale all year nowadays, the original strawberry tart is however a seasonal product. Combined with short-crust pastry or puff pastry and topped with pastry cream, strawberries are a much-loved dessert. The strawberry tart as such probably originated around the turn of the 20th century, together with the use of pastry cream or whipped cream, both of which give the tart that festive finishing touch.

Tarte aux fraises

Si aujourd'hui les fraises sont en vente toute l'année, la tarte aux fraises reste malgré tout un produit saisonnier. Les fraises, associées à la pâte sablée ou feuilletée et à la crème pâtissière, constituent un dessert important. La tarte aux fraises est probablement née vers le tournant du 20e siècle, avec la crème pâtissière et la crème fraîche qui donnent toutes les deux à la tarte sa touche festive.

A

Adriaan Brouwertaart

Het taartje uit zanddeeg, frangipane en ananasconfituur werd gecreëerd naar aanleiding van de Bierfeesten in 1959. Adriaan Brouwer, naar wie het gebak genoemd werd, was een schilder die in 1605 in Oudenaarde werd geboren. Hij schilderde heel wat herbergtafere-len en vluchtte later naar de Noordelijke Nederlanden (Haarlem).

Adriaan Brouwer Tartlet

This refined gourmet tartlet which consists of shortcrust pastry, frangipane and pineapple jam was created for the occasion of the Beer Festival in 1959. The popular tartlet was named after Adriaan Brouwer, a Flemish genre painter who was born in Oudenaarde in 1605. He painted numerous detailed pub scenes and fled to the Northern Netherlands (Haarlem) later on.

Adriaan Brouwertaart

Cette tartelette de pâte sablée, de frangipane et de confiture d'ananas a été créée à l'occasion des *Bierfeesten*, des fêtes de la bière, en 1959. La pâtisserie a été baptisée d'après Adriaan Brouwer, peintre né à Audenarde en 1605, qui a peint nombre de scènes d'auberge, puis a fui vers la Hollande-Septentrionale, à Haarlem.

A

Amandelbrood

Amandelbrood is een flinterdun koekje met stukjes amandel dat bij de koffie wordt geserveerd. Het dankt zijn typische smaak aan het gebruik van donkere suiker en kruiden: gember, muskaat, kaneel, kruidnagel en koriander. Omdat de bereiding heel arbeidsintensief is, wordt het koekje nog maar weinig door de artisanale bakker gemaakt. Gelukkig heeft de industrie deze lekkernij in haar assortiment opgenomen en wordt amandelbrood op grote schaal in de Westhoek gefabriceerd en uitgevoerd. Van het amandelbrood zoals wij het in België kennen, bestaat er ook een Nederlandse variant: het Amelands blaadje, geproduceerd op het eiland Ameland.

Almond Thin

This thin and delicate biscuit with flakes of almond is perfect to be served with coffee. Made from a combination of exclusive natural ingredients, brown sugar and spices such as ginger, nutmeg, cinnamon, clove and coriander, these delightful biscuits have a very characteristic taste. Producing these thin delicacies requires a lot of work and as a result you can only buy them from very few traditional bakers these days. Fortunately for all of us biscuit-lovers the industrial biscuit manufacturers have included this refined delight in their assortment and almond thins are now being produced and exported on a large scale in the Westhoek (northwest corner of Belgium bordering France). There is also a Dutch version of the Belgian almond thins, called 'Ameland leaves', which are produced on the island of Ameland.

Pain aux amandes

Le pain aux amandes est un biscuit extrêmement fin, avec des bouts d'amandes, servi pour accompagner le café. Il doit son goût typique à l'utilisation de sucre brun et d'épices : gingembre, noix muscade, cannelle, clou de girofle et coriandre. La préparation de ce biscuit demande énormément de travail, c'est pourquoi les pâtissiers le fabriquent rarement de façon artisanale. Heureusement, l'industrie a pris le relais et intègre cette douceur dans la liste de ses produits. Dans le Westhoek, le pain aux amandes est donc réalisé et exporté à grande échelle. Il existe une variante néerlandaise du pain aux amandes tel que nous le connaissons en Belgique : il s'agit de l'Amelands blaadje, produit sur l'île d'Ameland.

Amandeltaart uit Diksmuide

De amandeltaart – gemaakt van bladerdeeg met een vulling van eieren, amandelen en suiker – werd uitgeroepen tot Diksmuids streekgebak. De taart is bij verscheidene bakkers verkrijgbaar tijdens de periode rond Pasen. In 1878 werd deze taart al beschreven, geprezen en verheerlijkt door de Diksmuidse dichteres Maria Doolaeghe (1803-1824). Zij had het over 'het fijnst van de maal, zo bekoorlijk, mals en fijn, en haar kleur is als 't verguldsels van uchtend-zonneschijn' en associeerde het gebak met de kermistijd. Ter gelegenheid van haar honderdjarige overlijden werd deze amandeltaart dan ook opnieuw gebakken en aan haar opgedragen.

Dixmude Almond Pastry

Proclaimed a regional Dixmude specialty, the almond pastry is made from puff pastry filled with a mixture of eggs, almonds and sugar. You can buy this delicious pastry from various bakeries at Easter time. Maria Doolaeghe (1803-1824), a poetess from Dixmude, described, praised and glorified this pastry in 1878 with the words 'the finest part of the meal, so charming, tender and fine, and her colour is like the gilded reflection of morning's sunshine' and she associated the delicacy with funfair times. Hence this frangipane tartlet was baked again on the occasion of the 100th anniversary of her death and dedicated to her.

Tarte aux amandes de Dixmude

Cette tarte aux amandes – réalisée en pâte feuilletée, farcie d'œufs, d'amandes et de sucre – a été proclamée pâtisserie régionale de Dixmude. Aux environs de Pâques, on la trouve chez divers pâtissiers. En 1878 déjà, cette tarte est décrite, louée et glorifiée par la poétesse de Dixmude Maria Doolaeghe (1803-1824). Elle en parle comme d'un met des plus fins, délicieux, moelleux et délicats dont la couleur évoque les rayons d'or de l'aurore, et elle associe cette tarte à la période des kermesses. Pour célébrer le centième anniversaire de la disparition de la poétesse, on a recommencé à réaliser cette pâtisserie, pour la lui dédier.

Antwerps handje

Het Antwerps handje werd gecreëerd naar aanleiding van een wedstrijd uitgeschreven door het bestuur van de Antwerpse meesterbanketbakkers en de stedelijke overheid in 1934. De winnaar van deze wedstrijd, J. Hakker, maakte een dessertkoekje van vetdeeg in de vorm van een handje, ingestreken met eigeel en afgewerkt met geschaafde amandelen. In 1956 werd een octrooi voor het koekje met voorschriften voor vorm, samenstelling en verpakking verkregen. Het handje verwijst naar het oorsprongsverhaal van Antwerpen, waarin de held Brabo de hand afhakte van de reus Antigoon die tol eiste van de schippers die op de Schelde voeren.

Antwerp Handje

The Antwerp handje (little hand) was created in 1934 as a result of a competition organised by the executive committee of the Antwerp master pastry bakers and the urban administration. The winner of this competition, J. Hakker, produced a dessert biscuit made from shortbread pastry in the shape of a little hand, glazed with egg yellow and decorated with almond flakes. In 1956 a patent for this biscuit was obtained including guidelines regarding the shape, composition and packaging. The little hand refers to a legend that Antwerp is believed to have got its name from, in which the hero Brabo chopped off the hand of the mythical giant Antigoon who claimed a toll from those crossing the river Scheldt.

Petite main d'Anvers

La petite main d'Anvers a été créée en 1934, suite à un concours lancé par la direction des maîtres-pâtissiers d'Anvers et les autorités municipales. Le gagnant de ce concours, J. Hakker, réalise un biscuit de dessert en pâte grasse, en forme de main, enduit de jaune d'œuf, avec une finition d'amandes effilées. En 1956, ce gâteau bénéficie d'un brevet d'invention mentionnant les prescriptions concernant la forme, la composition et l'emballage. La main fait référence à l'histoire relatant l'origine d'Anvers : le héros Brabo tranche la main du géant Antigoon – qui exige un péage de tous les bateliers naviguant sur l'Escaut – et la jette dans le fleuve (Antwerpen : *hand werpen*, jeter la main).

A

Appelbeignet

Bij het maken van appelbeignets worden appelschijfjes door een deegbeslag gehaald om daarna in hete olie gefrituurd te worden. Na het bakken wordt de beignet rijkelijk met poedersuiker bestrooid. De beignets vinden hun oorsprong in de Middeleeuwen. Van oudsher worden ze op oudejaarsavond gegeten. Tegenwoordig zijn de gebakjes vooral te vinden op kermissen, waar ze samen met smoutebollen te koop worden aangeboden.

Apple Fritter

A great dessert which does not require the fuss of making something beforehand, apple fritters are made by simply frying slices of apple, dipped into batter, in a deep-fat fryer. After they have been fried the fritters are lavishly sprinkled with powdered sugar. The origin of fritters as such, known in Belgium as *beignets*, dates back to the Middle Ages. From times immemorial apple fritters have been served on New Year's Eve; but these days the sweet pastries can mainly be found at funfairs where they are sold together with doughnut balls.

Beignet aux pommes

Pour fabriquer des beignets aux pommes, on plonge des tranches de pommes dans une pâte liquide, puis on les fait frire dans de l'huile chaude. Après la friture, les beignets sont généreusement saupoudrés de sucre impalpable. Le beignet a son origine au Moyen-Âge. Depuis des temps immémoriaux, on les savoure à la Saint-Sylvestre. Actuellement, on trouve ces pâtisseries lors de kermesses, où elles sont proposées aux mêmes étals que les croustillons bruxellois.

Babelutte

Babelutten zijn snoepjes gemaakt van suiker, glucose en boter die bij het produceren tot repen van een vinger dik worden getrokken en in kleinere stukjes worden gesneden. Aan dit deel van het productieproces zou de babelutte haar naam te danken hebben: werklui raakten aan de praat en lieten de suiker te lang hangen. De babbelaar is een langere variant van de babelutte (tien à twaalf centimeter) en wordt gemaakt met plantaardige vetstof. Beide snoepen zijn aan de kust ontstaan rond 1920. Verwant aan dit snoepgoed is de *charlot*. De *charlot* is een suikerstok op basis van glucose, suiker en muntaroma waarvan de naam verwijst naar de wandelstok van Charlie Chaplin.

Babelutte

Considered to be a regional specialty of the Flemish coastal region, babelutten are sweets made from sugar, glucose and butter. During the production process they are stretched into strips about a finger's width and sliced into smaller pieces. The name babelutte is said to have been derived from this part of the production process: the workers started talking (in Flemish: *babbelen*) and left the sugar unattended for too long. The *babbelaar* is a longer version of the babelutte (ten to twelve centimeters) and is made with vegetable fat. Both sweets were created around the 1920's. The *charlot* is closely related to the above sweets. A sugar cane made from glucose, sugar and mint flavouring, the name charlot refers to Charlie Chaplin's walking cane.

Babelutte

Les babeluttes sont des friandises composées de sucre, de glucose et de beurre, que l'on étire, lors de la fabrication, en bandes de un doigt d'épaisseur, puis que l'on coupe en petits morceaux. La babelutte devrait son nom à cette étape de la réalisation : les ouvriers se mettraient à bavarder et laisseraient le sucre en suspens trop longtemps. Le *babbelaar* est une variante plus longue de la babelutte (de dix à douze centimètres) et est confectionné avec une matière grasse végétale. Les deux friandises naissent à la côte vers 1920. Le charlot est une douceur apparentée aux deux précédentes. Il s'agit d'un bâtonnet sucré à base de glucose, de sucre et d'arômes de menthe. Son nom évoque Charlie Chaplin et sa badine.

Baiser de Malmédy

De *baiser* of 'het kusje van Malmédy' is een gebakje dat bestaat uit twee gebakken meringueschelpjes waartussen slagroom gespoten wordt. Ook in Bastogne en Marche is de *baiser* een streekspecialiteit, maar daar wordt als vulling boterroom gebruikt in plaats van slagroom en worden de gebakjes soms afgewerkt met amandelschilfers.

Baiser de Malmédy

As tender and sweet as its name, the Baiser de Malmédy (Malmedy Kiss) is a lovely pastry made from two baked 'meringue shells' filled with whipped cream. In the areas of Bastogne and Marche this pastry is also classed as a regional specialty, but the whipped cream is substituted for butter cream and the pastries are sometimes finished off with almond flakes.

Baiser de Malmédy

Le baiser de Malmédy est une pâtisserie composée de deux coquilles de meringue entre lesquelles l'on presse de la crème fraîche. Le baiser est aussi une spécialité régionale de Bastogne et de Marche, mais là, on le fourre de crème au beurre au lieu de crème fraîche et on le décore parfois d'amandes effilées.

Bavarois

Bavarois is een luchtig dessert op basis van vanillepudding of vruchtenpuree met gelatine. Aan het basismengsel wordt opgeklopte slagroom of opgeklopt eiwit en suiker toegevoegd. Het geheel wordt in een vorm of ring gegoten om op te stijven. Vanaf 1960 werd de bavarois erg populair en vormde hij de basis van veel taarten. Klassiekers zijn de vruchtenbavarois met frambozen of aardbeien, maar ook de vanille- en koffiebavarois zijn erg populair.

Bavarois

Bavarois (the French name for Bavarian Cream) is a delicate and airy dessert with a base made from either vanilla custard or fruit mash, which is thickened with gelatin. To aerate the base mix, whipped cream or whipped egg whites and sugar are folded in. The mixture is then poured into a mould or a ring and placed in the refrigerator to set. From 1960 onwards bavarois has been very popular and it has been used as a filling for a variety of tarts and cakes, although it can also be served on its own as an individual dessert. Classic varieties include raspberry bavarois and strawberry bavarois, but other flavours such as vanilla and coffee are also very popular.

Bavarois

Le bavarois est un dessert léger à base de flan à la vanille ou de purée de fruits à la gélatine. Au mélange de base, on ajoute de la crème fouettée ou des blancs d'œufs battus et du sucre. On verse le tout dans un moule ou un cercle à pâtisserie, jusqu'à ce que la masse prenne. Le bavarois est très populaire depuis 1960 et constitue la base de nombreuses tartes. Les bavarois aux fruits, avec des framboises ou des fraises, sont des classiques mais les versions à la vanille et au café connaissent aussi beaucoup de succès.

Begijnenkoek uit Diest

Het begijnhof van Diest werd in 1989 erkend als werelderfgoed. In dat begijnhof bevindt zich het centrum voor eet- en tafelcultuur vzw Xaverius. Op basis van een oud recept brachten zij de begijnenkoek terug. De koek heeft de vorm van een gozet, in de volksmond 'broektes' of 'broekzak' genoemd. Het recept bevat suiker, kaneel, citroen, munt, muskaatnoot, donker loterbolbier, gember, bloem en kokosnoot.

Diest Beguine Pastry

In 1989 the beguinage of Diest (1253) was recognised as a world heritage site. The beguinage also houses the non-profit organisation Xaverius, the Flemish Centre for Gastronomic Culture. They reintroduced the beguine pastry, based on an old recipe. The pastry is made in the shape of a turnover, known in popular speech as *broektes* or *broekzak* (trouser pocket). The recipe contains sugar, cinnamon, lemon, mint, nutmeg, dark Loterbol beer, ginger, flour and coconut.

Begijnenkoek de Diest

En 1989, le béguinage de Diest est reconnu patrimoine mondial. Ce béguinage abrite l'asbl Xaverius, le premier centre des plaisirs et de la culture de la table. A partir d'une ancienne recette, les membres de Xaverius remettent le *begijnenkoek* au goût du jour. Ce gâteau a la forme d'une gosette, populairement qualifiée de *broektes* ou de *broekzak*. La recette comporte du sucre, de la cannelle, du citron, de la menthe, de la noix muscade, de la bière foncée loterbol, du gingembre, de la farine et de la noix de coco.

Berlijnse bol

De Berlijnse bol is een gefrituurd deeg gevuld met banketbakkers-room of confituur en bestrooid met suiker. Dit gebak kon men tijdens de vorige eeuw vooral aan de kust terugvinden, maar tegenwoordig is het bij elke bakker gemakkelijk verkrijgbaar.

Vroeger aten de badgasten deze lekkernij na een zwembeurt in zee om terug op krachten te komen. De benaming 'Berlijnse bol' verraadt haar Duitse oorsprong. Toch is ze niet terug te vinden in Duitse kook- of bakboeken onder deze naam, maar wel als *Berliner Pfannkuchen*. Na de Eerste Wereldoorlog werd de Berlijnse bol door de banketbakkers van de Westhoek *Boule de l'Yser* genoemd.

Berlin Doughnut

The Berlin doughnut, known in Belgium as *Berlijnse bol* or *Boule de l'Yser* is a ball-shaped, deep-fried doughnut filled with pastry cream or jam and sprinkled with powdered sugar. During the past century this sweet yeast dough pastry could be found primarily in the coastal areas, but nowadays it is readily available from any bakery.

In the old days seaside visitors used to eat this mouthwatering treat after swimming in the sea to regain their strength. Although the name 'Berlin doughnut' gives away its German origin, it cannot be found under this name in any German cookery book or baking man-ual, as it is listed as *Berliner Pfannkuchen* (Berlin pancake). After the First World War the pastry bakers from the Westhoek (northwest corner of Belgium) christened this gourmet delicacy *Boule de l'Yser*.

Boule de Berlin

La boule de Berlin est une boule de pâte frite dans l'huile, remplie de crème pâtissière ou de confiture et saupoudrée de sucre. Au siècle dernier, on les trouvait surtout à la côte mais actuellement, on peut en acheter aisément dans toutes les pâtisseries.

A l'époque, les baigneurs dégustaient ce délice après avoir nagé dans la mer, pour se revigorer. Le nom de 'boule de Berlin' trahit son origine allemande. Pourtant, on ne la retrouve pas sous ce nom dans les livres de cuisine et de pâtisserie allemands, où le terme usité est *Berliner Pfannkuchen*. Après la Première Guerre mondiale, les pâtissiers du Westhoek ont baptisé la boule de Berlin 'boule de l'Yser'.

Bernardin de Fleurus

Een *bernardin* is een bruine en langwerpige taart of koek, in witte suikerkorreltjes gerold en versierd met twee halve amandelen. De uitvinder van de *bernardin* is Jean Close (°1788), die het koekje naar zijn grootvader Bernard noemde. Bernard kwam uit Luik en vestigde zich in het jaar van de slag bij Fleurus in de rue des Bourgeois. Volgens een ander verhaal gaf een monnik uit het Bernardijnenklooster het recept in 1830 aan bakker Hubert uit Chimay. Deze koek werd gemaakt van amandelen, cassonade, suiker, eiwit en honing. De koek stelt een monnik voor met een halve amandel als riem.

Bernardin Pastry from Fleurus

The gourmet Bernardin pastry is a brown, elongated tartlet or biscuit, rolled in white grains of sugar and decorated with two almond halves. The inventor of the Bernardin pastry is Jean Close (°1788), who named the biscuit after his grand-father Bernard. Bernard came from Liège and settled into the Rue des Bourgeois at the time of the battle near Fleurus. Other sources say that a monk from the Bernardin monastery handed down the recipe to baker Hubert from Chimay in 1830. According to this recipe the pastry was made from almonds, brown sugar, granulated sugar, egg whites and honey. The pastry represents a monk with an almond halve acting as the habit's girdle.

Bernardin de Fleurus

Le bernardin est une tarte ou un gâteau long et brun, roulé dans des granulés de sucre blanc et décoré de deux demi-amandes. Jean Close (°1788) est l'inventeur du bernardin. Il baptise le gâteau du nom de son grand-père, Bernard, qui venait de Liège et s'est établi, l'année de la bataille de Fleurus, rue des Bourgeois. Une autre histoire rapporte qu'en 1830, un moine du couvent des Bernardins remet la recette au boulanger Hubert de Chimay. Ce gâteau était confectionné avec des amandes, de la cassonade, du sucre, des blancs d'œufs et du miel. La pâtisserie représente un moine, la demi-amande figure sa ceinture.

Biertruffel

Deze truffels met Hoegaards bier worden artisanaal gemaakt sinds de Hagelandse proeverij van vijftien jaar geleden. De concrete aanzet was een gesprek tussen P. Celis, brouwer, en B. Swinnen, bakker en chocolatier, over het gebruik van alcoholische dranken in pralines en het ontbreken van bier in dit assortiment. De truffels worden gemaakt met chocolade, bier, room en Hoegaards bier en worden gepromoot als streekproduct.

Beer Truffle

The history of the beer truffles goes back fifteen years, when these artisan gourmet chocolate truffles with Hoegaarden beer were produced for the first time on the occasion of the Hageland tasting event. A discussion between P. Celis, a brewer, and B. Swinnen, a baker and chocolate confectioner, about the use of alcoholic beverages in gourmet chocolates and the lack of beer in this assortment, actually gave the initial impetus. The truffles are made from chocolate, beer, cream and Hoegaarden beer and they are promoted as a regional product.

Truffe à la bière

Depuis la dégustation de Hageland – *Hagelandse proeverij* – il y a quinze ans, l'on confectionne des truffes au chocolat et à la bière de Hoegaarden de façon artisanale. Ce qui a concrètement poussé à leur fabrication, c'est une conversation entre P. Celis, brasseur, et B. Swinnen, pâtissier et chocolatier, sur l'utilisation de boissons alcoolisées dans les pralines et l'absence de bière dans cet assortiment. Les truffes sont réalisées avec du chocolat, de la bière, de la crème et de la bière de Hoegaarden et sont proclamées produit régional.

Boeteling

De Boeteling is niet alleen de naam van een Veurns streekbier, maar ook van een praline. De praline heeft de vorm van een kuipje en wordt gevuld met pralinécrème. Bovenaan staat een afbeelding van een boeteling. De naam 'boeteling' verwijst naar de Boeteprocessie in Veurne die sinds 1646 jaarlijks plaatsvindt op de laatste zondag van juli.

Boeteling

Although the first thing people might think of when hearing the name *boeteling* (penitent) is probably Veurne's dark red, regional beer, it actually also refers to a type of chocolate. Shaped in the form of a little tub, this delicious chocolate is filled with praliné cream and the top is decorated with the image of a penitent. The name *boeteling* refers to the annual *Boeteprocessie* (Procession of the Penitents) in Veurne which has been taking place every last Sunday of July ever since the year 1646.

Boeteling

'Boeteling' est le nom d'une bière régionale de Furnes, mais aussi d'une praline. Cette dernière a la forme d'une petite bassine fourrée de crème 'pralinée'. Elle est surmontée d'une figurine de pénitent. Le nom 'boeteling' renvoie à la procession des pénitents de Furnes, qui se déroule tous les ans depuis 1646, le dernier dimanche de juillet.

Bokkenpoot

Het bokkenpootje is het koekje bij uitstek dat bij de koffie wordt geserveerd. Bokkenpootjes zijn langwerpige koekjes van amandelbiscuit bestrooid met amandelschilfers en gevuld met boterroom. De amandelbiscuit wordt op een bakplaat gespoten en vóór het bakken met de schilfers bestrooid. De uiteinden van het bokkenpootje zijn in chocolade gedompeld. Het koekje ontleent zijn naam waarschijnlijk aan zijn vorm en uitzicht.

Billy Goat Paw

Billy goat paws, in Flemish *bokkenpootjes*, are gourmet biscuits typically served with coffee. The elongated biscuits are made from firm almond sponge, filled with a layer of butter cream and sprinkled with almond flakes. The almond sponge is piped onto a baking tray and the almond flakes are sprinkled on top before the baking process. The ends of the billy goat paws are dipped in gorgeous chocolate icing. The name of the biscuit was probably derived from its shape and appearance.

Pied de bouc

Le pied de bouc est le biscuit servi par excellence pour accompagner le café. Les pieds de bouc sont des gâteaux longs, en biscuit d'amandes parsemé d'amandes effilées, avec de la crème au beurre entre les deux couches. On dépose le biscuit aux amandes sur une plaque et, avant la cuisson, on le parsème d'amandes effilées. On trempe les extrémités des pieds de bouc dans du chocolat. La pâtisserie doit probablement son nom à sa forme et à son aspect.

B

Borstbol

Borstbollen zijn kussenvormige snoepjes gemaakt van suiker en glucose die tot een dikke stroop werden gekookt. De snoepjes zouden een helende werking hebben bij keelpijn. De bekendste borstbollen zijn die van Wycam, die al zestig jaar gemaakt worden door de familie Wyckmans uit Kalmthout. De snoepjes worden in blikken bussen van 325 gram verpakt.

Borstbol

The pillow-shaped sugary cough drops, said to relieve sore throats, are made from sugar and glucose which are cooked until they form a firm treacle-like substance. The most famous *borstbollen* are the Wycam's, which are produced by the Wyckmans family from Kalmthout. Camille Wyckmans started producing these cough drops, which were especially used in the early days by mineworkers, back in 1946. The sticky sweets are sold in lidded tins of 325 grams.

Arrache-toux

Les arrache-toux sont des bonbons en forme de coussinets, composés de sucre et de glucose cuits ensemble jusqu'à constituer un sirop épais. Ces friandises auraient un effet curatif contre les maux de gorge. Les arrache-toux les plus connus sont ceux de Wycam, qui sont fabriqués depuis soixante ans par la famille Wyckmans de Kalmthout. Ces bonbons sont conditionnés en boîtes métalliques de 325 grammes.

Boterkoek

De boterkoek is een erg zoete koek die na het bakken wordt bestreken met suikerstroop waaraan honing werd toegevoegd.

De gebladerde koffiekoek, oorspronkelijk de Deense koffiekoek, is bij ons meer bekend dan in zijn land van oorsprong. Het deeg van de koek is een variant op het klassieke bladerdeeg, maar dan wel gemaakt met gist.

Butter Bun

The butter bun is a very sweet delicacy which is covered with honey-enriched, sugar-based treacle after it has been baked.

This puff pastry bun, originally a Danish pastry, is better known in Belgium than in its country of origin. The dough that this butter bun is made from is a different version of the classic puff pastry, made with yeast-leavened pastry.

Couque au beurre

La couque au beurre est un gâteau très sucré. Après la cuisson, on l'enduit de sirop de sucre additionné de miel.

La brioche en pâte feuilletée, au départ brioche danoise, est mieux connue chez nous que dans son pays d'origine. La pâte du gâteau est une variante de la pâte feuilletée classique : c'est de la pâte levée.

B

Botersprits

Boterspritsen zijn zanderige, krokante koekjes die zowel bij de banketbakkers als in grootwarenhuizen te koop zijn. Al in 1719 verwijst
Conrad Hagger in zijn *Neues Saltzburgisches Kochbuch* naar dit koekje.
Ook in de *Volmaakte Hollandse Keukenmeid* van 1745 is er sprake van
'spritzen'. Hetzelfde recept voor de koekjes staat ook in *De Belgische
Keukenmeid* (1782), maar dan onder de verwarrende naam 'soes'.
De naam 'sprits' is afgeleid van het oud-Duitse *sprice*, wat 'spuiten'
betekent, een verwijzing naar dat deel van het bereidingsproces
waarin het deeg op bakplaten wordt gespoten.

Shortbread

Made with real butter, these crumbly, crispy biscuits have a real
creamy flavour. They are available from bakeries as well as super-
markets and are called *botersprits* in Dutch. Back in 1719 the Austrian
chef Conrad Hagger already referred to this biscuit in his *Neues Saltzburgisches Kochbuch* and the Dutch cookery book *Volmaakte Hollandse
Keukenmeid* dating from 1745 also mentioned *spritzen*. The same biscuit recipe can be found in the Belgian cookery book *De Belgische
Keukenmeid* (1782), but it is listed under the confusing name of *soes*
(choux pastry). The name *sprits* is said to have been derived from the
old-German *sprice*, meaning 'to pipe', a reference to the part of the
manufacturing process in which the dough is piped onto the baking trays.

Sprits au beurre

Les sprits au beurre sont des biscuits sablés et croustillants vendus
à la fois dans les pâtisseries et les grandes surfaces. En 1719 déjà,
Conrad Hagger fait référence à ce gâteau dans son *Neues Salzbur-
gisches Kochbuch*. Dans la *Volmaakte Hollandse Keukenmeid* de 1745, il
est aussi question de *spritzen*. La même recette pour biscuits figure
également dans *De Belgische Keukenmeid* (1782), mais sous le nom de
soes, qui provoque la confusion. Le nom *sprits* vient de l'ancien alle-
mand *sprice*, qui signifie 'presser', renvoyant à la phase du processus
de préparation au cours de laquelle on presse la pâte sur les plaques
de cuisson.

B

Bresiliennetaart

Deze flan is een luchtige crèmetaart met slagroom die wordt afgewerkt met gekaramelliseerde, gehakte hazelnoten. In Franse naslag-
werken duidt de term *brésilienne* op een bereiding met ananas en
rum. In België echter is *brésilienne* het bruine strooisel van noten
waarmee taarten en ijscoupes worden versierd. Strikt genomen heet
dit mengsel 'praline', in het Frans *pralin*. Brazilië heeft er dus weinig
mee te maken, want zelfs de noten komen er niet vandaan. De
bresiliennetaart behoort tot de klassiekers en is bij iedere banketbakker verkrijgbaar.

Flan Brésilienne

One of the classic pastries in Belgium and available at every bakery,
this flan is a light egg custard tart, topped with whipped cream and
finished off with caramelised, chopped hazelnuts. When consulting
French reference books you will find that the term *brésilienne* refers to
a recipe including pineapple and rum. In Belgium however *brésilienne*
is the brownish scattering of nuts that is used to decorate tarts and
ice creams. Strictly speaking this mixture is called praline, in French
pralin. Brazil as such has very little to do with the flan at all, as it is not
even the country of origin of the nuts that are being used.

Flan brésilienne

Ce flan est une tarte à la crème légère, avec de la crème fraîche et
une finition de noisettes hachées et caramélisées. Dans certains
ouvrages de référence français, le terme 'brésilienne' indique une
préparation à l'ananas et au rhum. Par contre, en Belgique, 'brésilienne'
renvoie à 'parsemé de noix brunes' pour décorer tartes et coupes
de glace. Au sens strict du terme, ce mélange s'appelle *praline* et en
français 'pralin'. Le Brésil n'est pas vraiment concerné, même les noix
n'en proviennent pas. Le flan brésilienne fait partie des classiques et
est disponible chez tous les pâtissiers.

Broodpudding

Broodpudding is een heel eenvoudig dessert. Het wordt gemaakt van oudbakken brood, appels, rozijnen, een beetje kaneel en soms een glaasje rum. Beschrijvingen van eenvoudige gerechten zijn zeldzaam. Toch waagde Charles Elmé Francatelli, chef van de Engelse koningin Victoria, zich in 1861 aan het schrijven van het receptenboek *A plain cookery book for the working class*. Het recept *bread pudding for a family* figureert er tussen onder andere rijst- en fruitpuddings.

Bread Pudding

Bread pudding is a very simple dessert. It is made from stale (day old) bread, apples, raisins and a pinch of cinnamon. In some recipes a little glass of rum is added as well. Descriptions of simple dishes are rare, but nevertheless Charles Elmé Francatelli, the cook of Queen Victoria of England, wrote the recipe book *A plain cookery book for the working class* in 1861. In this book the recipe 'bread pudding for a family' is listed amongst other desserts such as rice and fruit puddings.

Bodding

Le bodding est un dessert très simple réalisé à partir de pain rassis, de pommes et de raisins secs avec un peu de cannelle et, parfois, un petit verre de rhum. Les descriptions de recettes simples sont rares. Pourtant, en 1861, Charles Elmé Francatelli, le cuisinier et chef de la reine Victoria d'Angleterre, se risque à écrire un livre de recettes, *A plain cookery book for the working class*. La recette du *bread pudding for a family* y figure, entre autres, parmi les flans au riz et aux fruits.

B

Brugs achtje of Palmier

Brugge was vroeger heel bekend voor een koekje dat verscheidene benamingen heeft: 'Brugs achtje', 'kransterling', 'strekke' (strik) of *nœud* (knoop). Het Brugse achtje werd van een speciaal bladerdeeg gemaakt dat minder boter bevatte dan gewoonlijk. Van het bladerdeeg sneed men plakjes in de vorm van een acht die in bruine suiker werden gerold. Tegenwoordig worden de koekjes overal gemaakt. Brugse achtjes zouden voor het eerst opgedoken zijn op de Middeleeuwse jaarmarkten en daarna tijdens de Brugse pandfeesten van 1482. Later ook in de beide panden van de Halletoren. De *Palmier* is een Waalse variant op het achtje.

Bruges Eight-shaped Biscuit or Palmier

Bruges used to be very famous for a biscuit which was known by many different names: *Brugs achtje, kransterling, strekke* (bow tie) or *nœud* (knot). The Bruges eight-shaped biscuit was made from special puff pastry which contained less butter than the common puff pastry. The puff pastry would be cut into slices in the shape of the figure eight and then rolled in brown sugar. Nowadays these biscuits are produced everywhere. The original Bruges eight-shaped biscuits are believed to have appeared for the first time in the Middle Ages at the annual fairs and afterwards at the Bruges festival in 1482. Later on they could also be found in both premises of the Halletoren in Bruges. The Walloon version is called *Palmier*.

Nœud de Bruges ou Palmier

Jadis, la ville de Bruges était très connue pour ce biscuit portant différents noms : *Brugs achtje, kransterling, strekke* ou '*nœud*'. Ce dernier est réalisé à partir d'une pâte feuilletée spéciale dont la teneur en beurre est moins importante que d'habitude pour ce type de pâtisserie. On découpe la pâte feuilletée en morceaux et forme de huit, que l'on roule dans du sucre brun. Actuellement, on fabrique ces biscuits partout. Les nœuds de Bruges seraient apparus pour la première fois lors des foires du Moyen-Âge, puis pendant les fêtes de quartier brugeoises de 1482 et par la suite dans les deux immeubles du Halletoren. La variante wallonne est le Palmier.

B

Brugse beschuit

Brugse beschuit wordt gemaakt met koekenbrood. De sneden worden langs beide zijden bestrooid met cassonade en witte poedersuiker en bedekt met een vochtige doek. Men bakt ze de dag nadien op ingevette platen in een niet te warme oven. Deze beschuiten werden voor het eerst gemaakt rond 1860-1870. Naast de Brugse beschuit bestaan er ook Gentse, Kortrijkse, Meense en Limburgse beschuiten. Besmeerd met boter zijn ze een echte delicatesse.

Bruges Zwieback

Bruges zwiebacks are made from slices of sweet bread, which are sprinkled on both sides with brown sugar and white powdered sugar and then covered with a moist cloth. They are baked the day after on greased trays in a moderately warm oven. These zwiebacks were manufactured for the first time around 1860-1870. In addition to the Bruges zwiebacks there are also Ghent, Kortrijk, Menen and Limburg zwiebacks. Spread some butter on top to enjoy a real culinary delicacy.

Biscotte de Bruges

La biscotte de Bruges est réalisée à partir de tranches de pain brioché. Ces tranches sont saupoudrées sur leurs deux faces de cassonade et de sucre impalpable et recouvertes d'un torchon humide. Le lendemain, on les fait cuire sur des plaques graissées, dans un four pas trop chaud. Ces biscottes sont confectionnées pour la première fois vers 1860-1870. Outre les biscottes de Bruges, il en existe aussi de Gand, de Courtrai, de Menin et du Limbourg. Avec un peu de beurre dessus, c'est une véritable délicatesse.

Brugs bolleke

Het Brugs bolleke is een rond bladerdeeggebakje gevuld met banketbakkersroom en frambozenjam. Het is afgewerkt met hazelnotenpraline en een zegel met een gotische 'b' erop. Het bolleke werd speciaal gecreëerd om het Brugse Ommeland als regio te promoten. Dit gebakje werd als winnaar bekroond bij een wedstrijd voor laatstejaars bakkers-banketbakkers in 2005.

Bruges Bolleke

The round-shaped Bruges bolleke (little ball) is made from puff pastry, filled with confectioner's custard and raspberry jam, and finished off with hazelnut praline and a stamp with a Gothic style 'b'. The *bolleke* is a specialty that has been created specifically to promote the area of the Bruges woodland and wetland. In 2005 this delicious treat was crowned the winner in a competition for final-year students from the bakery-pastry bakery division.

Boule de Bruges

La boule de Bruges est une pâtisserie ronde en pâte feuilletée, fourrée de crème pâtissière et de confiture de framboises et garnie de pralin de noisettes. Elle porte un sceau figurant un 'b' gothique. La boule est une spécialité créée afin de promouvoir la région brugeoise, le *Brugs Ommeland*. En 2005, cette pâtisserie a remporté le premier prix lors d'un concours d'élèves boulangers-pâtissiers de dernière année.

Brusselse wafel

De Brusselse wafel wordt gebakken van een vloeibaar beslag, is rechthoekig van vorm en wordt vaak geserveerd met poedersuiker, slagroom of vers fruit. Deze wafel is erg luchtig en krokant door het gebruik van opgeklopte eieren in het recept.

Volgens sommige bronnen maakte en verkocht Maximilien Consael de eerste Brusselse wafel in 1856 op de Brusselse kermis en is hij dus de uitvinder en tegelijk de verspreider van de krokante wafel.

In het buitenland is de Brusselse wafel sinds de wereldtentoonstelling van 1964 in New York bekend onder de naam *Belgian waffle*.

Brussels Waffle

Made from liquid batter, the Brussels waffle is rectangular in shape and is often served with a variety of toppings such as powdered sugar, whipped cream or fruit (or a combination of these). One of the recipe ingredients is whisked eggs and the result is a very light waffle which is light and fluffy on the inside and crispy on the outside.

According to some sources Maximilien Consael made and sold the first Brussels waffles in 1856 at the Brussels funfair, which would make him the inventor and first distributor of this crunchy delight.

The Brussels waffle has been known abroad as 'Belgian waffle' ever since the 1964 New York World's Fair.

Gaufre de Bruxelles

On cuit la gaufre de Bruxelles à partir d'une pâte liquide versée dans une forme rectangulaire. On la sert souvent saupoudrée de sucre impalpable, avec de la crème ou des fruits. Il s'agit d'une gaufre légère et croustillante, grâce à l'incorporation d'œufs battus à la recette.

Selon certaines sources, Maximilien Consael confectionne et vend la première gaufre bruxelloise en 1856, à la foire de Bruxelles. Il est donc l'inventeur et le diffuseur de cette gaufre croquante.

A l'étranger, depuis l'Exposition universelle de New York en 1964, la gaufre de Bruxelles est connue sous le nom de *Belgian waffle*.

Café liégeois

De café liégeois is gebaseerd op een heel eenvoudig recept dat bestaat uit vloeibaar ijs geparfumeerd met koffie, versierd met een toefje slagroom en enkele chocoladekoffiebonen, opgediend in een vooraf gekoeld glas. De Luikse koffie is verwant aan de *café viennois*, niet de huidige warme koffie met slagroom en cacaopoeder, maar de koude Weense koffie. Tijdens de Eerste Wereldoorlog kreeg de *café viennois* echter een andere naam, omdat deze te Duits klonk.

Café Liégeois

The delicious Café Liégeois (Liège coffee) is based on a very simple recipe which consists of liquid, coffee-flavoured ice cream, decorated with a dollop of whipped cream and some chocolate coffee beans, served in a glass that has been chilled beforehand in the refrigerator. The Café Liégeois is related to the Café Viennoise, not the warm coffee decorated with whipped cream and cacao powder as we know it today, but the iced Viennese coffee. During the First World War the Café Viennoise was given a different name, because it sounded too German.

Café liégeois

Le café liégeois se fonde sur une recette simplissime, consistant en glace liquide parfumée au café, décorée d'une rosette de crème fraîche et de quelques fèves de café en chocolat, le tout servi dans un verre préalablement refroidi. Le café liégeois est apparenté au café viennois, non à l'actuel café chaud avec de la crème fraîche et de la poudre de cacao mais au café viennois froid. Cela dit, au cours de la Première Guerre mondiale, on a donné au café viennois un autre nom, à consonance non germanique.

Cerisette

Cerisettes zijn pralines op basis van in alcohol getrokken noord-krieken die van een laagje suikerfondant worden voorzien en ten slotte in chocolade worden gedompeld. Aan de onderkant worden ze afgewerkt met chocoladehagelslag. De cerisettes behoren tot het basisassortiment van elke chocolatier.

Cerisette

Cerisettes are chocolates made from ripe cherries soaked in liquor, which are coated with a fine covering of sugar fondant and then enrobed in rich, flavoursome Belgian chocolate. The bottom is decorated with chocolate vermicelli. The exquisite cerisettes chocolates are included in the basic assortment of all chocolate confectioners.

Cerisette

Les cerisettes sont des pralines à base de griottes du nord imbibées d'alcool, enrobées d'une couche de sucre fondant et, finalement, plongées dans le chocolat. A leur base, les cerisettes sont décorées de granulés de chocolat. Ces pralines à la cerise font partie de l'assortiment de base de tout chocolatier.

Chocolade

Deze lekkernij neemt een speciale plaats in op de lijst van zoetigheden die de banketbakker en chocolatier verwerken, maar is ook de favoriet van vele zoetekauwen. Als exportproduct scheert Belgische chocolade hoge toppen.

Het verschil tussen Belgische en buitenlandse chocolade ligt in de vastgelegde samenstelling, de kwaliteit van de ingrediënten en de fijnheid van het vermalen of 'concheren' van de cacaobonen. De eerste Europeanen die in contact kwamen met chocolade, weliswaar onder de vorm van een cacaodrank, waren de Spaanse ontdekkingsreizigers. Vanuit het Spaanse hof veroverde chocolade verder de Europese harten.

Chocolate

This little bit of luxury stands out on the list of sweets created by pastry cooks and chocolate confectioners. Being the absolute favourite of many sugar lovers all over the world, it is no surprise that Belgian chocolate is doing extremely well as an export product.

Belgian chocolate differs from foreign chocolate through its fixed composition, the quality of its ingredients and the delicate process of the grinding or 'conching' of the cacao beans. The Spanish explorers were the first Europeans who were exposed to chocolate, albeit in the form of a cacao drink. Chocolate soon became the rage of the Spanish court, marking the beginning of chocolate's conquest of Europe.

Chocolat

Voilà un délice qui s'inscrit en bonne place sur la liste des douceurs élaborées par les pâtissiers et les chocolatiers. Bon nombre d'amateurs de sucreries la portent dans leur cœur et s'en pourlèchent les babines. Au niveau de l'exportation, le chocolat belge atteint des sommets.

La différence entre le chocolat belge et étranger tient dans ses ingrédients fixes et de la haute qualité, ainsi que dans la finesse avec laquelle l'on concasse les fèves de cacao. Les premiers Européens à entrer en contact avec le chocolat, sous forme de boisson il est vrai, étaient les explorateurs espagnols. Et c'est à partir de la cour d'Espagne que le chocolat a conquis les gourmands européens.

Chocoladebroodje of -koek

Het chocoladebroodje is een luxebroodje dat bestaat uit een rechthoekig plakje croissantdeeg waarop twee reepjes chocolade worden gelegd. Het plakje wordt dubbelgevouwen gebakken en na het bakken bestreken met suikerstroop of chocoladeglazuur, of bestrooid met poedersuiker. De koek zou dateren van de jaren 1960, toen men chocolade begon te maken met plantaardige vetten. Deze chocolade is hittebestendiger dan de chocolade met cacaoboter.

Chocolate Bun

The delicious chocolate bun is a luxury bun consisting of a rectangular slice of croissant dough on which two strips of chocolate are placed. The slice is folded over double and then baked in the oven. After the baking process the bun is covered in sugar treacle or chocolate icing, or powdered with soft sugar. This gourmet bun, often seen on Sunday breakfast tables, is said to have originated in the 1960's, when chocolate makers started to include vegetable fats in their recipes. This type of chocolate is more heat resistant than the chocolate made with cacao butter.

Pain au chocolat

Le petit pain au chocolat est un pain fantaisie composé d'une tranche rectangulaire de pâte à croissant sur laquelle on pose deux barres de chocolat. On plie le rectangle en deux pour le faire cuire, après quoi on l'enduit de sirop de sucre ou de glaçage au chocolat, ou on le saupoudre de sucre impalpable. Le gâteau daterait des années 1960, lorsque l'on commence à confectionner le chocolat à base de graisses végétales. Ce dernier résiste mieux à la chaleur que celui à base de beurre de cacao.

C
Chocoladefiguur

De eerste holle chocoladefiguren werden rond 1832 gemaakt met vormen van vertind ijzer. De belangrijkste vormenproducent was het Parijse *Létang Fils*. Tegenwoordig worden de chocoladevormen van kunststof gemaakt. De chocoladevormen bestaan uit twee helften die bij elkaar worden gehouden met klemmen. De vormen worden gevuld met vloeibare couverturechocolade en daarna uitgegoten. Binnenin de vorm blijft een dun laagje chocolade achter dat kan opstijven. Als de chocolade hard is, worden de helften verwijderd. Chocoladefiguren worden verkocht in de Sinterklaas- en Paasperiode.

Chocolate Figurine

When the first hollow chocolate figurines were made around 1832 they were cast into tin-plated iron moulds; the most important mould producer was the Parisian Létang Fils. These days chocolate moulds are made from plastic. Chocolate moulds consist of two halves which are kept together by clips. The moulds are filled with liquid couverture chocolate and are then emptied again. The inside of the mould is now coated with a thin layer of chocolate that is left to set. As soon as the chocolate has become solid, the halves are removed. Chocolate figurines are mainly sold during the Saint Nicholas and Easter period.

Figurine en chocolat

Les premières figurines creuses en chocolat sont confectionnées vers 1832, à l'aide de formes en fer étamé. Létang Fils, à Paris, était le principal fabricant de ces moules. Actuellement, les formes pour figurines en chocolat sont en matière synthétique. Les moules se composent de deux moitiés, réunies à l'aide de pinces. On remplit les formes de chocolat de couverture liquide, puis on le verse. Dans la forme reste une fine couche de chocolat qui a le temps de se figer. Une fois le chocolat durci, on sépare les moitiés. Les figurines en chocolat sont vendues en période de Saint-Nicolas et de Pâques.

C

Chocoladetruffel

De chocoladetruffel is een lekkernij op basis van chocolade, die samen met boter, room en suiker wordt gesmolten en verder op smaak gebracht met cognac, rum, whisky, vanille, kaneel of mokka. Na het opstijven wordt de massa in truffelhoopjes gespoten die een nacht moeten uitharden. De chocoladevullingen worden daarna door de chocolade gehaald en in chocoladeschilfers, poedersuiker, cacaopoeder of amandelschilfers gerold. Chocoladetruffels zijn slechts beperkt houdbaar.

Chocolate Truffle

Rich, delicate, luxurious and highly seductive, chocolate truffles are the undisputed kings of all chocolates. The chocolate is melted together with butter, cream and sugar, gently mixed to produce a soft, smooth texture with an intense chocolate taste. Using this luxurious base, other flavours are then mixed in such as French brandy, rum, whisky, vanilla, cinnamon or mocha. After the truffle mixture has thickened it is piped into little truffle piles, which are left overnight until they have returned to a solid form. The chocolate mixtures are then sealed with a thin, crisp chocolate outer shell, and decorated with chocolate flakes, almond flakes or a light dusting of powdered sugar or pure cacao powder. Made from high quality, fresh ingredients, chocolate truffles are designed to be eaten within a week.

Truffe au chocolat

La truffe au chocolat est une friandise à base de chocolat fondu avec du beurre, de la crème et du sucre et assaisonnée de cognac, de rhum, de whisky, de vanille, de cannelle ou de moka. Une fois que la masse a pris, on la presse en petits tas qui doivent durcir une nuit. Ensuite, on passe ces boulettes dans le chocolat et on les roule dans des copeaux de chocolat, du sucre glace, de la poudre de cacao ou des amandes effilées. La conservation des truffes au chocolat est assez limitée.

C

Cigarette

De cigarette is een vrij droog koekje in de vorm van een rolletje. Het koekje wordt gemaakt van hetzelfde beslag als dat van kattentongen. Zodra de koekjes uit de oven komen, worden ze opgerold rond een houten staafje. Na afkoeling worden de staafjes eruit gehaald. Soms worden de cigarettes gevuld met boterroom of met andere crèmes, maar meestal worden ze gewoon als koekje bij de koffie geserveerd of sieren ze een ijscoupe. De cigarette wordt ook wel eens *roulé d'or* genoemd.

Cigarette

The delightfully crisp flute-shaped biscuit curls, known as cigarettes or piroulines, are delicate, dry dessert biscuits. The dough they are made from is also used to make the delicious *langues de chat* (cat's tongues). As soon as the biscuits come out of the oven, they are rolled around wooden sticks. After the biscuits have cooled down, the sticks are taken out. The crispy wafer rolls are sometimes filled with butter cream or another type of cream, but they are usually served with ice cream, fruit or other desserts as a garnish, although they are also delicious eaten on their own or accompanied with a nice cup of coffee. In some areas the cigarette is also known by the name of *roulé d'or*.

Cigarette

La cigarette est un gâteau relativement sec en forme de rouleau. Le biscuit est confectionné à partir de la même pâte que les langues-de-chat. Dès que l'on sort les biscuits du four, on les enroule autour d'une tige en bois. Après refroidissement, on retire les bâtonnets. Parfois, on fourre les cigarettes de crème au beurre ou autres mais, en général, on les sert simplement pour accompagner le café ou décorer une coupe de glace. La cigarette est aussi parfois appelée 'roulé d'or'.

Clovis uit Doornik

Dit gebak op basis van zanddeeg, génoise en ananasconfituur, overdekt met abrikozenglazuur en een mengsel van amandelen en pistache, werd in 1982 gecreëerd naar aanleiding van de 1500ste verjaardag van de dood van Childeric en de troonsbestijging van Clovis. Doornik was in die tijd de Merovingische hoofdstad; later verplaatste Clovis het politieke centrum naar Parijs.

Clovis Pastry from Tournai

This delicacy from Tournai is based on shortcrust pastry, genoise and pineapple jam, and it is covered in apricot glazing and a mixture of almonds and pistachio nuts. It was created in 1982 on the occasion of the 1500th birthday of the death of the Frankish King Childeric and King Clovis's accession to the throne. In those days Tournai was the capital of the Frankish empire; in 486 Clovis moved the political centre of power to Paris.

Clovis de Tournai

Cette pâtisserie en pâte sablée, génoise et confiture d'ananas, couverte d'un glaçage d'abricots et d'un mélange d'amandes et de pistaches, a été créée en 1982, à l'occasion du 1500e anniversaire de la mort de Childéric et de l'accession au trône de Clovis. A l'époque, Tournai était la capitale mérovingienne. Par la suite, Clovis déplace le centre politique à Paris.

Confituurtaartje

Een confituurtaartje is een taart gemaakt van bladerdeeg, ingestreken met een laag abrikozenconfituur en afgewerkt met een net van bladerdeeglintjes. De oorsprong van het gebak is niet bekend. De taartjes worden uit één groot stuk in vierkantjes gesneden, wat veel efficiënter werken is dan met ronde vormen. Het vierkante confituurtaartje is overal te koop in ons land, maar is nauwelijks of niet te vinden in Frankrijk, Groot-Brittanië of Duitsland.

Een ronde variant is de Geitetaart uit Hooglede, genoemd naar de wijk 'de Geite', waar de taart is ontstaan.

Carré Confiture

A carré confiture is a jam tartlet made from puff pastry, covered with a layer of apricot jam and decorated with a netting of puff pastry ribbons. The origin of this tart is not known. The tartlets are cut out of one big piece of pastry into little squares, which is a far more efficient method of working than when having to deal with round shapes. The square jam tartlet is on sale throughout the entire country, but can hardly or not be found at all in countries such as France, Great Britain and Germany.

A round-shaped version of the jam tart is the Goat Tart from Hooglede, named after the district *de Geite* (the Goat), where the tart has been invented.

Carré confiture

Le carré confiture est une tarte en pâte feuilletée, enduite d'une couche de confiture d'abricots et achevée de croisillons, toujours en pâte feuilletée. On ignore les origines de cette pâtisserie. Les tartelettes sont découpées en carrés dans un grand morceau de pâte, ce qui est beaucoup plus efficace que de travailler à l'emporte-pièce rond. En Belgique, on peut acheter la tartelette carrée à la confiture partout, mais elle est quasi introuvable en France, en Grande-Bretagne ou en Allemagne.

La *Geitetaart* de Hooglede est une variante ronde de cette tartelette, nommée d'après le quartier *de Geite*, d'où elle est originaire.

C

Congolais

De Antwerpse Congolais is een vierkante chocoladebonbon gevuld met boterroom. De bonbon werd omstreeks 1912 uitgevonden en geproduceerd door de firma H. Luikens uit Hove. In 2004 werd de productie overgenomen door de firma Carmina bvba en korte tijd later werd de Congolais uitgeroepen tot streekproduct.

Congolais

A real specialty from the province of Antwerp, this square-shaped artisanally produced chocolate is filled with butter cream. It was invented in 1912 by chocolate confectioner H. Luikens who produced the little delicacies at the town of Hove. Carmina bvba took over the production in 2004, so that the tradition would not be wasted, and it was proclaimed a regional specialty not long after.

Congolais

Le congolais d'Anvers est un bonbon carré au chocolat, fourré de crème au beurre, inventé vers 1912 et produit par la société H. Luykens de Hove. En 2004, l'entreprise Carmina sprl reprend la confection de cette friandise déclarée, peu après, produit régional.

Couque de Dinant

Deze typische Dinantse specialiteit is verwant aan de *Lebkuchen* en *taaitaai*. De koek zou ontstaan zijn tijdens de belegering van de stad door Karel de Stoute in 1466. De inwoners maakten in deze tijden van schaarste koeken van meel en honing. Het harde deeg werd oorspronkelijk met de hand gekneed in een houten trog en nadien met een taartrol uitgerold, uitgesneden en in een vorm gedrukt om 's anderendaags te bakken. De houten bakvormen die hiervoor gebruikt werden, bestonden in een aantal typische vormen, zoals Dinantse landschappen, fruit, dieren en personages.

Couque de Dinant

Sometimes referred to as Europe's hardest biscuit, this typical Dinant specialty is related to the German *Lebkuchen* and the Dutch *taaitaai*. The origin of this biscuit is said to go back to the 15th century during the siege of the town by Charles the Bold in 1466. The local inhabitants, deprived of provisions, only had honey and flour – they used the scarce ingredients to make the dough for the biscuits. Originally the firm dough was kneaded by hand in a wooden bowl called a *maie* and then flattened with a pastry roller to obtain the desired thickness. The dough was then cut into shapes and pressed into a mould by hand to be baked the next day. The wooden moulds, hand made from pear tree wood, were available in a variety of different shapes, representing numerous subjects such as Dinant landscapes, fruit, animals and human characters.

Couque de Dinant

Cette spécialité dinantaise typique est apparentée au *Lebkuchen* et au *taaitaai*, qui sont tous les deux des pains d'épices. Le gâteau serait né lors du siège de la ville par Charles le Téméraire, en 1466. En cette période de disette, les habitants confectionnent des gâteaux de farine et de miel. Au départ, l'on pétrissait la pâte dure à la main dans un pétrin en bois, puis on l'étalait à l'aide d'un rouleau à pâtisserie. On découpait la pâte et on en tapissait un moule, pour effectuer la cuisson le lendemain. Les moules à pâtisserie en bois utilisés à cet effet étaient réalisés dans des formes caractéristiques, représentant des paysages dinantais, des fruits, des animaux, des personnages.

Cruydtcoeck uit Diest

De Diesterse kruidkoek is een soort kruidenpannenkoek gemaakt met boerenwormkruid, paardenbloem, eieren, bloem, water en melk. Het bereiden van de koek maakt deel uit van een eeuwenoude traditie. Vooral in de lente, wanneer de kruiden op hun best zijn, wordt de koek op verscheidene plekken in de regio van Diest gemaakt. Tijdens de rest van het jaar kunnen gedroogde of diepgevroren gehakte kruiden soelaas bieden.

Diest Cruydtcoeck

The Diest Cruydtcoeck or *kruidkoek* is a herb pancake made from ingredients including tansy, dandelion, eggs, flour, water and milk. Baking these pancakes is part of an age-old tradition. Especially during the spring, when the herbs are at their best, the pancakes are made in several places in the Diest area. During the rest of the year chopped herbs in a dried or frozen format can be a suitable alternative.

Cruydtcoeck de Diest

Le Cruydtcoeck ou *kruidkoek* de Diest est une sorte de crêpe aux herbes aromatiques, préparée à base de tanaisie, de pissenlit, d'œufs, de farine, d'eau et de lait. La confection du gâteau fait partie d'une tradition séculaire. On le réalise surtout au printemps, et divers endroits de la région de Diest, quand les épices sont parfaitement à maturité. Le reste de l'année, l'on peut avoir recours à des herbes aromatiques séchées ou hachées et surgelées.

C

Cuberdon

De cuberdon, 'neuzeke' of 'tsoepke' is gemaakt van frambozensiroop, suiker, glucose en Arabische gom. Arabische gom wordt gewonnen uit de acacia en de johannesbroodboom. Deze plantaardige gom is zeldzaam en daarom erg duur. Het snoepje is typisch Vlaams en de naam zou afgeleid zijn van het woord 'kupe', wat kuip, badkuip betekent. Een goede cuberdon mag niet ouder zijn dan acht weken en komt om die reden niet in aanmerking voor export. Een grote producent van deze snoepjes is Confiserie Geldhof in Eeklo.

Cuberdon

The cuberdon, also known in Flemish as *neuzeke* or *tsoepke* is a sweet made from raspberry syrup, sugar, glucose and Arabic gum. Arabic gum is a natural gum which is extracted from the acacia and the carob tree. This vegetable gum is quite rare and as a consequence very expensive. This delicious sweet is a typical Flemish product and the name is said to be derived from the word *kupe*, meaning 'tub' or 'bathtub'. The cuberdon needs to be consumed within eight weeks (to prevent it from becoming too hard) and the limited shelf life means it is a difficult product to export. One of the major manufacturers of these sweets is Confiserie Geldhof in Eeklo.

Cuberdon

Le cuberdon, *neuzeke*, *tsoepke* ou 'chapeau de curé' dans l'ouest de la Wallonie, est réalisé à partir de sirop de framboises, de sucre, de la glucose et de la gomme arabique. Cette dernière est tirée de l'acacia et du caroubier. La gomme végétale est rare et donc très chère. La friandise est typiquement flamande. Son nom serait dérivé du mot *kupe*, qui signifie 'cuve', 'bassine', 'baignoire'. Un bon cuberdon ne peut avoir plus de huit semaines, c'est pourquoi il n'est pas exporté. La Confiserie Geldhof, à Eeklo, est un important producteur de cette sucrerie.

Dame blanche

De dame blanche, waarschijnlijk genoemd naar de opera van François Boieldieu uit 1825, is een ijscoupe met bollen vanille-ijs en warme chocoladesaus. De Franse chef en operaliefhebber Auguste Escoffier zou de eerste dame blanche gecreëerd hebben. Het dessert bestond toen enkel uit witte producten: amandelijs, witte perzik, witte aalbessen en een groenwitte citroensorbet.

Dame Blanche

Consisting of vanilla ice cream topped with a hot, thick, velvety chocolate sauce (and whipped cream for a true indulgence), the enormously popular dame blanche ice cream dessert has most likely derived its name from an opera produced by the French composer François-Adrien Boieldieu in 1825. The near-legendary French chef and opera enthusiast Auguste Escoffier is said to have created the very first dame blanche. The original version of the dessert only used white ingredients: almond ice cream, white peaches, white currants and a green-white lemon sorbet.

Dame blanche

La dame blanche, probablement nommée d'après l'opéra de François Boieldieu datant de 1825, est une coupe contenant des boules de glace à la vanille et une sauce chaude au chocolat. Auguste Escoffier, grand cuisinier et amateur d'opéra, aurait créé la première dame blanche. A l'époque, le dessert se compose exclusivement de produits blancs : glace aux amandes, pêche blanche, groseilles blanches et sorbet au citron vert et blanc.

Deauville

De Deauville is een chocoladetaart met twee vullingen: een van melk-chocolade met room en een van fondantchocolade met room. Het geheel wordt nog eens overgoten met chocolade. De naam 'Deauville' is ontleend aan het mondaine Franse badstadje, maar heeft er verder niets mee te maken. De taart werd door bakker Gheysen gecreëerd voor Eurobanket, een groep banketbakkers die kwaliteit hoog in het vaandel draagt.

Deauville

A chocolate-lover's ultimate dream, the Deauville is a delicious chocolate gâteau with two different fillings: a milk chocolate cream filling and a dark chocolate cream filling. To make it even better, the entire gâteau is also covered in chocolate. Although the name 'Deauville' has been derived from the mundane French seaside resort, there is no special link between the chocolate delight and the French town. The gâteau was created by pastry chef Gheysen for Eurobanket, a group of pastry chefs who feel very strongly about quality.

Deauville

Le Deauville est une tarte au chocolat à double farce : l'une au chocolat au lait et à la crème, l'autre au chocolat fondant et à la crème. A son tour, l'ensemble est nappé de chocolat. Ce délice doit son nom de 'Deauville' à la station balnéaire mondaine française mais pour le reste, il n'y a aucun point commun entre la ville et la pâtisserie. La tarte a été créée par le boulanger Gheysen pour Eurobanket, un groupe de pâtissiers tenant la qualité en très haute estime.

Driekoningenkoek of -taart

De driekoningentaart bestaat uit luchtige, krokante bladerdeeg met een smeuïge laag frangipane. De taart, die wordt gegeten tijdens de periode van het Driekoningenfeest (6 januari), is versierd met een papieren kroon en bevat een plastieken of porseleinen boon. Wie de boon in zijn stuk taart vindt, is de koning van de dag. Het gebruik kent zijn oorsprong in de Romeinse Saturnaliafeesten, maar ook in het Germaanse Joelfeest. Slaven en meesters keerden toen de rollen om.

King's Cake

Epiphany, celebrated in European countries, marks the coming of the wise men who brought gifts to the Christ Child and is celebrated twelve nights after Christmas (6th January). A very popular custom that is still honoured today is the making of the King's Cake, in Flemish *driekoningentaart*, which represents the three kings who brought gifts. The light and crispy puff pastry delicacy is covered with a smooth layer of frangipane and a plastic or porcelain bean is baked inside it. Whoever finds the bean is hailed King for the day with a paper crown supplied with the cake. This seasonal custom is based on the ancient pagan midwinter festivities, such as the Roman Festival of Saturnalia and the Germanic Yule Festival, when slaves and masters would switch roles.

Galette ou gâteau des rois

La galette des rois se compose d'une pâte feuilletée légère et croustillante, surmontée d'une couche onctueuse de frangipane et ornée d'une couronne en papier doré. On déguste le gâteau lors de l'Epiphanie, le 6 janvier. Sa particularité est qu'il contient une fève, en plastique ou en porcelaine. Celui ou celle qui trouve la fève dans sa part de gâteau est le roi ou la reine de la journée. La coutume remonte aux saturnales romaines, ainsi qu'au *Joelfeest* germanique. A l'époque, maîtres et esclaves inversaient leurs rôles.

Eclair

De eclair is een langwerpig gebakje van soezendeeg, gevuld met banketbakkersroom en aan de bovenkant bestreken met chocola-deglazuur. Het formaat van eclairs varieert van klein voor petitfours tot groot voor gebakjes. Hoe de eclair aan zijn naam komt, is nog steeds een raadsel. De letterlijke vertaling van het Franse *éclair* is 'bliksem', maar de link met het gebakje ontbreekt. De eclair is een toepassing op de soezen die door Popelini zouden zijn gecreëerd in de 17de eeuw. Andere voedingshistorici beweren dat Antonin Carême de eerste eclairs maakte.

Eclair

In Belgium and France, the éclair is a very popular elongated choux pastry, filled with pastry cream and topped with a layer of chocolate icing. The format of these mouth-watering culinary delights varies from small when served as petit fours to large when served as pastries. Up until now it remains a mystery why this pastry was given the name éclair. The literal translation of the French éclair is 'lightning', but there is no link with the pastry as such (although you can get 'struck' by its amazing taste). Some sources say that the éclair is just another variety of the choux pastries which were created by Popelini in the 17th century. Other food historians claim that Antonin Carême made the first éclairs.

Eclair

L'éclair est une pâtisserie longue en pâte à choux, fourrée de crème pâtissière et nappée en son sommet d'un glaçage au chocolat. Le format des éclairs varie depuis les petits fours jusqu'aux gâteaux au format de brioches. L'on ignore toujours l'origine du nom 'éclair', dont le sens littéral est météorologique, mais on s'interroge sur son lien avec la pâtisserie. L'éclair est l'application des choux, que Popelini aurait créés au 17e siècle. D'autres historiens de l'alimentation affirment qu'Antonin Carême aurait confectionné les premiers éclairs.

E

Eierkoek

Deze goudgele, lichte en ronde koek wordt gemaakt van bloem, bakpoeder, eieren, suiker en melk. Het deeg moet een nachtje rusten alvorens het wordt afgebakken. De koeken worden voor het serveren met boter ingesmeerd. Vroeger werden eierkoeken als krachtvoedsel aan zieken gegeven of als vieruurtje gegeten. Eierkoeken worden op markten en in bakkerijen verkocht.

Egg Pastry

These golden yellow, light and round-shaped pastries are made from flour, baking powder, eggs, sugar and milk. The dough is left overnight before the pastries are baked. Before serving, the pastries are covered with a layer of butter. In the days of old egg pastries were used as power food to strengthen the ill or they were eaten at tea time. These days the palatable egg pastries are sold at markets and in bakeries.

Gâteau aux œufs

Ce gâteau doré, léger et rond se compose de farine, de levure chimique, d'œufs, de sucre et de lait. La pâte doit reposer une nuit avant la cuisson. On étale du beurre sur les gâteaux avant de les servir. Dans le temps, on donnait des gâteaux aux œufs aux malades pour qu'ils prennent des forces ou en guise de goûter. On vend ces gâteaux aux œufs sur les marchés et dans les pâtisseries.

E Expo-ijs

Naar aanleiding van de wereldtentoonstelling van 1958 in Brussel lanceerde de toen nog erg jonge firma Artic (1950) het expo-ijsje. Het tricolore blokje ijs tussen twee wafeltjes groeide in geen tijd uit tot een van de symbolen van de Expo. Bijna elke bezoeker herinnert zich het ijsje met aardbeien-, vanille- en chocoladesmaak.

Expo Ice Cream

On the occasion of the world exhibition in Brussels in 1958, the newly established ice cream manufacturer Artic (founded in 1950), launched the Expo ice cream. The ice cream sandwich combining the three top flavours – vanilla, chocolate and strawberry – between two crunchy wafers developed into one of the symbols of the Expo '58 in no time and everybody who visited the exhibition can still remember this tricolour treat today.

Glace Expo

A l'occasion de l'Exposition universelle de 1958 à Bruxelles, la toute jeune société Artic – qui débute en 1950 – lance la glace Expo. Le bloc de glace tricolore entre deux gaufrettes devient l'un des symboles de l'Expo. Quasi chaque visiteur se souvient de cette glace fraise, vanille et chocolat.

Ezelstaart uit Kuurne

Deze taart bestaat uit bladerdeeg en chocolademousse en wordt versierd met chocolade en marsepein. De taart werd gecreëerd ter gelegenheid van de ezelsfeesten in september 1989. Ze dankt haar naam aan de bijnaam van de inwoners van Kuurne. Kortrijkzanen gaven hen die naam omdat ze voor dag en dauw met ezel en kar naar de ochtendmarkt in Kortrijk vertrokken. Volgens een ander verhaal werd de priester van Kuurne op Aswoensdag door de koster vervangen. De man kon de door de priester aangeleerde Latijnse woorden niet onthouden en gaf ieder een askruisje met de woorden 'Ge zijt ezel geboren, ezel zult ge sterven'.

Kuurne Donkey Tart

A combination of puff pastry and chocolate mousse, decorated with chocolate and marzipan, this glorious tart was created on the occasion of the Donkey Festival in September 1989. Its name is derived from the nickname of the inhabitants of Kuurne, who are known as 'donkeys'. Legend has it that the people from Kortrijk gave them this nickname because they used to leave at the break of day with their carts and donkeys for the morning market in Kortrijk. Another source tells the story of the priest of Kuurne who was replaced on Ash Wednesday by the sexton. Not being able to remember the Latin words which the priest had taught him, the man allegedly marked the churchgoers with a cross of ashes on the forehead saying 'for a donkey thou art, and unto a donkey shalt thou return'.

Tarte des ânes de Kuurne

Cette tarte se compose de pâte feuilletée, de mousse au chocolat et d'une garniture de chocolat et de massepain. La tarte a été créée à l'occasion de la fête des ânes, en septembre 1989. Elle doit son nom au surnom des habitants de Kuurne. Les Courtraisiens leur ont attribué le sobriquet d'ânes car ils étaient levés avant l'aube pour se rendre au marché matinal de Courtrai, avec leur âne attelé à une carriole. Une autre histoire rapporte que, le mercredi des Cendres, le prêtre de Kuurne a été remplacé par le sacristain. L'homme était incapable de se souvenir des mots latins que le prêtre lui avait appris et a dessiné à tous les paroissiens une croix de cendres sur le front en prononçant : 'tu es né âne, âne tu mourras'.

F Flan

De flan bestaat uit een laag deeg met daarin een luchtige vulling van melk, suiker, eierdooiers en maïszetmeel. Flan wordt gebakken in een lauwe oven. Het is een taart met een grote stamboom. In 1350 gaf Guillaume Tirel het recept voor *flaon*. De flan was toen niet enkel een zoet gerecht maar kon ook een hartig gebak zijn, gevuld met gevogelte of vis. Van voor- of nagerecht was toen nog geen sprake, alle gerechten kwamen tegelijkertijd op tafel.

Flan

The traditional flan consists of a layer of pastry filled with a light mixture of milk, sugar, egg yellows and corn starch. Flan is baked in a lukewarm oven. Flan has an impressive pedigree, dating back as far as 1350 when Guillaume Tirel provided the recipe for the so-called *flaon*. In those days flan was not necessarily a sweet course but it could also be a savoury pastry, filled with poultry or fish. During medieval banquets first courses or desserts were non-existing, given that all the dishes were served at the same time.

Flan

Le flan se compose d'une couche de pâte fourrée d'un mélange léger de lait, de sucre, de jaunes d'œufs et de fécule de maïs. Le flan est cuit à four tiède. Il s'agit d'une tarte à l'arbre généalogique impressionnant. En 1350, Guillaume Tirel donne la recette du 'flaon'. A l'époque, le flan n'est pas seulement un plat sucré, mais peut aussi se présenter sous la forme d'une pâtisserie épicée, farcie de volaille ou de poisson. Dans le temps, il n'est pas encore question de hors-d'œuvre ou de dessert. Tous les plats étaient proposés à table en même temps.

F

Florentijntje

Florentijntjes zijn krokante koekjes met zonovergoten ingrediënten zoals amandelen, gekonfijte vruchten en honing. Tegenwoordig bestaat er een variant die voor de helft in chocolade werd gedompeld. De gebruikte honing is erg bepalend voor de smaak van het koekje. Het verband met het Italiaanse Firenze spreekt voor zich. Volgens sommige bronnen zou het koekje, zoals zoveel andere desserts, in de keuken van het Franse hof van de Zonnekoning zijn uitgevonden ter gelegenheid van het bezoek van de Florentijnse Medici's.

Florentine

Florentines are delightful crispy biscuits made from carefully selected sun-drenched ingredients such as almonds, candied fruits and all-natural honey. Recently a new version of this popular nibble has been created: a florentine of which one half has been dipped into silky smooth Belgian chocolate. The honey used determines to a great extent the actual taste of the biscuit. The link with the Italian city of Florence is obvious. According to some sources the biscuit, like so many other desserts, would have been invented in the kitchens at the French court of the Sun King, Louis XIV, on the occasion of a visit from the Florentine Medici family members.

Florentin

Les florentins sont de petits biscuits croustillants composés d'ingrédients ensoleillés comme les amandes, les fruits confits et le miel. Actuellement, l'on en trouve une variante plongée pour moitié dans le chocolat. Le miel utilisé détermine la saveur du biscuit. Le lien avec la ville de Florence, en Italie, est évident. Selon certaines sources, la pâtisserie, comme tant d'autres desserts, aurait été inventée dans les cuisines de la cour française du Roi Soleil, à l'occasion de la visite des Médicis de Florence.

F

Fluitje uit Ouwegem

Het Ouwegems fluitje is snoepgoed in de vorm van een fluitje. De delen van het snoepje worden afzonderlijk gegoten en, zodra afgekoeld, met een kaars terug opgewarmd en aan elkaar gekleefd. De productie van het snoepje begint al erg vroeg in het jaar want de fluitjesfeesten, met onder andere een fluitjesworp, vinden plaats tijdens het eerste weekend na Pinksteren. Het verhaal gaat dat het fluitje wordt geproduceerd ter herinnering aan de bisschop die aanwezig moest zijn bij een kerkwijding. De arme man te paard slaagde er niet in om door de grote volksmassa tot bij de kerk te geraken en begon te fluiten in de hoop dat de mensen hem zouden doorlaten.

Ouwegem Whistle

Living up to their name, Ouwegem whistles (in Dutch *fluitjes*) are red sweets in the shape of a whistle (if you are lucky they even produce a sound when you blow on them). The various parts of this popular sweet are cast separately and once they have cooled down, they are warmed up again with a candle and stuck together. The production of these sweets starts very early in the year because the *fluitjesfeesten* (whistle festival), including a throwing party, take place during the first weekend after Whitsun. The story goes that the whistle sweet is produced in memory of a bishop who needed to be present at a church consecration. The poor man, who was on horseback, was unable to reach the church because he could not manage to ride through the large crowd of people and he started whistling so people would let him pass.

Sifflet d'Ouwegem

Le sifflet d'Ouwegem est une friandise en forme de sifflet. Les différentes parties de la sucrerie sont coulées séparément et, une fois qu'elles ont refroidi, elles sont réchauffées à la bougie et collées l'une à l'autre. La production de la friandise remonte à loin. Les fêtes des sifflets avec, entre autres, le lancer de sifflets, se tiennent au cours du premier week-end après la Pentecôte. On raconte que le sifflet est fabriqué en souvenir de l'évêque qui devait assister à une consécration d'église. Le pauvre cavalier, incapable de se frayer un chemin à travers la foule populaire compacte jusqu'à l'église, s'est mis à siffler pour que les gens fassent place.

Frambozentaart

Een frambozentaart wordt gemaakt van een zanddeegbodem met daarop een laagje chocolade, een vulling van crème prise (één deel slagroom en één deel banketbakkersroom) en daarbovenop frambozen. De framboos, in het Latijn *Rubus idaeus*, is de geurigste, fijnste maar ook meest delicate van alle bessen. *Idaeus* verwijst naar het Ida-gebergte in Turkije, waar de beste frambozen ter wereld groeien.

Raspberry Tart

A delicious and refined dessert, raspberry tart is made from a base of shortcrust pastry topped with a layer of chocolate, a filling of crème prise (one part whipped cream and one part pastry cream) with raspberries on top. The red and tasty raspberry, in Latin *Rubus idaeus*, is the most fragrant, the finest but also the most delicate of all berries. *Idaeus* refers to the Ida mountain range in Turkey, home to the best raspberries in the world.

Tarte aux framboises

On confectionne la tarte aux framboises avec un fond de tarte en pâte sablée sur lequel on étale une couche de chocolat et une farce de crème prise (un volume de crème fraîche et un volume de crème pâtissière), le tout surmonté de framboises. La framboise, en latin *Rubus idaeus*, est la plus parfumée, la plus raffinée mais aussi la plus délicate de toutes les baies. *Idaeus* renvoie au Mont Ida, en Turquie, où poussent les meilleures framboises de la planète.

Frangipane

Frangipane is een beslag van bloem, eieren, boter, suiker en ge-
malen amandelen. Deze vulling wordt gestort op een bodem van
bladerdeeg en afgewerkt met bladerdeegreepjes. Na het bakken
wordt de bovenkant ingestreken met confituur en suikerglazuur. Er
wordt aangenomen dat Popelini, de kok van Catherine de Medici,
het recept creëerde en het de naam gaf van een edelman uit het
Siciliaanse Palermo.

Frangipane Pastry

Frangipane is a batter made from flour, eggs, butter, sugar and
ground almonds. This filling is poured onto a base of puff pastry
and topped with small strips of puff pastry. Before serving the top
is decorated with jam and sugar icing. It is generally assumed that
Popelini, the cook of Catherine de Medici, created the recipe and
named it after a nobleman from the Sicilian town of Palermo.

Frangipane

La frangipane est une pâte de farine, d'œufs, de beurre, de sucre et
d'amandes moulues. On verse cette garniture sur un fond de pâte
feuilletée avec, en guise de finition, des bandelettes de pâte feuilletée. Après la cuisson, on enduit le sommet du gâteau de confiture
et d'un glaçage de sucre. Il est admis que Popelini, le cuisinier de
Catherine de Médicis, a créé la recette et l'a nommée d'après un gen-
tilhomme de Palerme, en Sicile.

Gâteau de Verviers

De taart van Verviers is een soort kramiek of *craquelin* met parelsuiker en eventueel amandelen. Varianten hierop zijn de *Bonhomme de pâte*, de *Miroux* en de *Lunettes de Pâques*. Het 'mannetje' wordt gegeten in de Sinterklaasperiode, de 'bril' in de Paasperiode. De *lunettes* vinden hun oorsprong in de lakenindustrie. De patroons gaven ze cadeau aan de *noppeuses* die de kwaliteit van het laken moesten controleren. Dit gebaar was een teken van vergiffenis aan de vrouwen die foutjes in het laken over het hoofd hadden gezien.

Gâteau de Verviers

The sweet and aromatic Gâteau de Verviers is a type of currant loaf enriched with pearls of sugar and sometimes also almonds. Variations on this pastry include the *Bonhomme de pâte*, the *Miroux* and the *Lunettes de Pâques*. Traditionally the *Bonhomme* (little man) is consumed during the Saint Nicholas period, while the *Lunettes* (glasses) are served at Easter. The origin of the *Lunettes* is to be found in the textile industry. Employers used to present the *noppeuses* (the ladies checking the quality of the linen) with these *Lunettes* as a token, thus forgiving them for not spotting little mistakes in the linen.

Gâteau de Verviers

Le gâteau de Verviers est une sorte de cramique ou craquelin contenant du sucre perlé et, éventuellement, des amandes. Il y a des variantes : le Bonhomme de pâte, le Miroux et les Lunettes de Pâques. On mangeait le bonhomme en période de Saint-Nicolas et les lunettes autour de Pâques. L'origine des lunettes remonte à l'industrie du drap. Les patrons les offraient en guise de cadeau aux 'noppeuses' qui avaient pour tâche de contrôler la qualité des draps. Ainsi, les chefs exprimaient leur pardon à ces femmes, auxquelles certains défauts dans les draps auraient pu échapper.

G

Génoise

De génoise is een luchtige cake in de vorm van een vierkant bakje, vaak afgewerkt met een stukje gekonfijt fruit en wat glazuur. De naam 'génoise' verwijst naar de Italiaanse havenstad Genua, van waar het gebakje afkomstig zou zijn. Via de handelsbetrekkingen tussen Genua en Brugge zou de génoise tot bij ons zijn geraakt.

Génoise Sponge

The Génoise sponge cake is a light and airy pastry shaped in the form of a little square tray, sometimes finished off with a piece of candied fruit and some icing. The name *Génoise* refers to the Italian port of Genoa, said to be the place where this pastry was invented. The trading relationships between Genoa and Bruges ensured that the spongy *Génoise* ended up in Belgium at some stage.

Génoise

La génoise est un cake léger en forme de carré avec, en guise de finition, souvent un morceau de fruit confit et du glaçage. Le nom de 'génoise' fait référence à la ville italienne de Gênes, d'où la pâtisserie proviendrait. La génoise serait arrivée chez nous grâce aux relations commerciales entre Gênes et Bruges.

Gentse mok

De Gentse mok is een soort zandkoek met een doorsnede van zes centimeter, soms bestrooid met suiker. De smaak van het koekje wordt bepaald door de aanwezigheid van kaneel, anijs en stroop. Gentse mokken waren in de 14de eeuw al bekend bij de Gentenaren en Keizer Karel zou er verzot op geweest zijn. Het recept werd door Gaston Clément in 1913 in zijn kookboek opgenomen. De koekjes worden gegeten bij een borrel of een kop koffie.

Ghent Mok

The delicious *mok* biscuit, a regional specialty from Ghent, is a type of shortbread biscuit with a diameter of six centimeters, which is sometimes served sprinkled with sugar. The authentic taste of this lovely biscuit can be attributed to the presence of cinnamon, aniseed and treacle. The inhabitants of Ghent have already been enjoying these *mokken* since the 14th century and the Holy Roman Emperor, Charles V, is said to have adored them. The recipe was incorporated into the cookery book which Gaston Clément wrote in 1913. These palatable delights are traditionally served with a drop of liquor or a nice cup of coffee.

Moque de Gand

La moque de Gand est une sorte de sablé d'un diamètre de six centimètres, parfois saupoudré de sucre. La présence de cannelle, d'anis et de mélasse détermine la saveur du biscuit. Au 14e siècle, les Gantois connaissaient déjà les moques de Gand et l'on raconte que l'empereur Charles Quint en raffolait. En 1913, Gaston Clément rapporte la recette dans son livre de cuisine. Ces biscuits accompagnent habituellement l'apéritif ou le café.

Gom

Gommen bestaan in allerlei vormen, kleuren en smaken. De hoofd-bestanddelen van dit snoepje zijn glucosesuiker, smaakstof en Arabische gom. Nog steeds worden gommen op de oude manier gemaakt. Bakjes worden gevuld met zetmeel en daarin worden met gipsvormen holtes gemaakt. In die holtes, die een afdruk zijn van de vormen, wordt de siroop gegoten. Een van de belangrijkste producenten van gommen is Suikerbakkerij - Confiserie Joris, die nog altijd met dezelfde grondstoffen werkt als bij haar ontstaan in 1938.

Jelly Sweet

These delightful sweets come in many different shapes, colours and flavours. The main ingredients of these gourmet sweets are glucose sugar, flavourings and Arabic gum. Even today jelly sweets are manufactured according to an age-old recipe. Containers are filled with starch and little cavities are made by using plaster moulds. The syrup is then poured into those cavities, which are an imprint of the moulds. One of the major manufacturers of jelly sweets is Suikerbakkerij - Confiserie Joris; they use the same raw materials today as back in 1938 when the company was founded.

Gomme

Il y a des gommes de toutes les formes, couleurs et saveurs. Cette friandise se compose essentiellement de sucre de glucose, d'aromatisant et de gomme arabique. On fabrique toujours les gommes à l'ancienne. On remplit des petits bacs d'amidon, dans lesquels on imprime des creux à l'aide de formes en plâtre. On verse le sirop dans ces motifs imprimés. L'un des principaux producteurs de gommes est la Suikerbakkerij - Confiserie Joris, qui travaille toujours avec les mêmes matières premières qu'à son origine en 1938.

G Guimauve

Het woord 'guimauve' verwijst naar een min of meer elastisch, vaak kleurig snoepgoed. *Pâte de guimauve* is een oplossing van gom, eiwit en suiker, voorzien van kleur- en smaakstoffen. Het snoepgoed wordt in de vorm van Onze-Lieve-Vrouwtjes en klompjes verkocht. 'Guimauve' is de Franse vertaling van kaasjeskruid, de plant die oorspronkelijk in het snoepgoed werd verwerkt. Een bekende variant op de guimauve zijn de marshmallows, die in Angelsaksische landen erg geliefd zijn.

Guimauve

The French word *guimauve* refers to the small, spongy and springy sweet, which comes in fluffy white or in pastel shades of pink and yellow. The *pâte de guimauve* (guimauve paste) is a mixture of Arabic gum, egg whites and caster sugar, completed with colourants and flavourings. The powdery, feather light sweets are sold in the shape of miniature Our Lady figurines or little clogs. *Guimauve* is the French translation of mallow, a medicinal plant whose root was used in the original recipe. A well-known variety of the *guimauves* are the marshmallows which are very popular in Anglo-Saxon countries.

Guimauve

Le terme de 'guimauve' renvoie à une confiserie plus ou moins élastique et souvent colorée. La pâte de guimauve est une solution à base de gomme, de blancs d'œufs et de sucre avec des colorants et des aromatisants. La friandise est commercialisée sous la forme de la Sainte-Vierge et de cubes. Le terme de 'guimauve' renvoie à la mauve, une plante intégrée à l'origine à la friandise. Les marshmallows sont une variante renommée de la guimauve, très appréciée dans les pays anglo-saxons.

Halse krot

Halse krotten zijn snoepjes, gelijkend op babelutten, op basis van suiker en kandijsiroop. De snoepjes zijn onlosmakelijk verbonden met het carnaval in Halle. Op krottenmaandag wordt een krottenworp georganiseerd waarbij een uniek sieraad, de 'gouden krot', gewonnen kan worden. Daarna volgt de krottenmaandagstoet.

Halle Krot

Made from sugar and candy syrup, *krotten* are similar to *babelutten* (a regional specialty of the Flemish coastal region). The sweet *krotten* are inextricably linked with the carnival in Halle. On 'krotten Monday' a 'krotten throw' is organised and participants have a chance of winning a unique jewel, called the 'golden krot'. After all the throwing has been done the 'krotten Monday Parade' livens up the streets of Halle.

Crotte de Hal

Les crottes sont des confiseries qui ressemblent aux babeluttes. Elles sont à base de sucre et de sirop de sucre candi. Ces friandises sont indissociables du carnaval de Hal. Le 'lundi des crottes', on organise un 'lancer de crottes' au cours duquel une personne parmi le public peut remporter un bijou unique, une 'crotte d'or'. Ensuite, défile le cortège du 'lundi des crottes'.

Hasseltse speculaas

De Hasseltse speculaas is de dikkere, minder zoete variant van de gewone speculaas met een krokante bovenlaag en malsere onderlaag. Mogelijks is de Hasseltse speculaas geïnspireerd op de Luikse speculaas. Het verschil ligt in de afwerking met amandelen, hoewel ook de speculaas zonder noten gemakkelijk verkrijgbaar is in Hasselt en omstreken. Er zijn twee kandidaat-uitvinders van dit gebak: banketbakker Lieben (ca. 1885) en Josef Antoon Deplée (ca. 1870). Tot voor 1940 werd de Hasseltse speculaas vooral gebakken rond de Sinterklaasperiode, later werd de koek het hele jaar door gebakken en gegeten.

Hasselt Speculaas

A slightly different version of the original *speculaas*, Hasselt speculaas is thicker and not so sweet. With their crispy top layer and tender bottom layer, these gently spiced biscuits just melt in your mouth. The inspiration for the Hasselt speculaas might possibly have come from the Liège speculaas. The difference is in the finishing touch with almonds, although speculaas without nuts is also readily available in Hasselt and its surroundings. There are two candidate-inventors for this biscuit: pastry baker Lieben (approx. 1885) and Josef Antoon Deplée (approx. 1870). Until 1940 the Hasselt speculaas were mainly baked at the time of the Saint Nicholas Feast (6th December), but later on this confectionery delicacy was produced and eaten all year round.

Spéculos de Hasselt

Le spéculos de Hasselt est une variante plus épaisse et moins sucrée du spéculos classique, avec une couche supérieure croustillante et une couche inférieure plus tendre. Peut-être le spéculos de Hasselt est-il inspiré du spéculos de Liège. La différence réside dans la finition aux amandes, même si l'on trouve aussi aisément le spéculos sans noix à Hasselt et ses environs. On peut citer deux candidats à l'invention de ce biscuit : le pâtissier Lieben (vers 1885) et Josef Antoon Deplée (vers 1870). Jusqu'avant 1940, l'on prépare surtout le spéculos de Hasselt vers la période de la Saint-Nicolas. Par la suite, on cuit et déguste ce biscuit toute l'année.

Janhagel uit Ravel of Poppel

De Poppelse of Ravelse Janhagel is een zoet en knapperig koekje dat verwantschap vertoont met speculaas. Het koekje is gemaakt van een zwaar deeg dat door een soort gehaktmolen moet alvorens het tot bolletjes gerold wordt. Na het bakken wordt het geheel in plakjes gesneden. De bobbels op het koekje zijn het gevolg van het aaneen-smelten van de koekjes in de oven. Volgens de legende zou een in Limburg gestrande soldaat van het Franse leger het recept van zijn overgrootvader voor een soort krakeling aan de familie De Jongh verkwanseld hebben. Zij brachten het koekje in 1830 op de markt.

Janhagel from Ravels or Poppel

The Janhagel biscuit from Ravels or Poppel is a sweet and crispy biscuit which demonstrates a certain amount of affinity with *speculaas*. This delicate biscuit is made from heavy dough, which is put through a type of mincing machine before being rolled into balls. After baking everything is cut into slices. The bubbles on top of the biscuit are due to the fact that the biscuits melt together in the oven. Legend has it that a French soldier, who was stranded in Limburg, sold his great-grandfather's recipe for a type of crackler biscuit to the De Jongh family, who introduced this brittle delight to the market in 1830.

Janhagel de Ravels ou de Poppel

Le Janhagel de Ravels ou de Poppel est un biscuit sucré et crous-tillant apparenté au spéculos. Le gâteau se compose d'une pâte lourde passée par une sorte de hachoir à viande avant d'être roulée en boulettes. Après la cuisson, l'ensemble est découpé en plaques. Les bulles sur les biscuits proviennent de la fusion des gâteaux dans le four. Selon la légende, un soldat de l'armée française, échoué au Limbourg, aurait bradé la recette d'une espèce de craquelin de son arrière-grand-père à la famille De Jongh. Ces derniers commerciali-sent le biscuit en 1830.

Javanais

De klassieke Javanais bestaat uit tien laagjes, afwisselend een laag amandelbiscuit en een laag mokkaboterroom. De bovenkant van de taart wordt overgoten met blinkende chocoladeganache, waar de naam van het gebak met boterroom op geschreven wordt. De Javanais vond mogelijk haar oorsprong in het begin van de 20ste eeuw. In dit gebak speelt koffie een belangrijke rol, vandaar waarschijnlijk ook de link met het eiland Java, bekend om zijn koffie.

Javanais Sponge

The traditional Javanais sponge consists of ten layers, almond sponge and mocha butter cream layers alternating with each other. The top of the sponge is glazed with shiny chocolate ganache, with the name of this gorgeous pastry written on top in butter cream. The Javanais sponge possibly originated at the start of the 20th century. The link with Java, known for its coffee, is probably due to the fact that coffee is an important ingredient in this sponge.

Javanais

Le javanais classique se compose de dix couches : biscuit aux amandes et crème au beurre et au moka, en alternance. On couvre le sommet de la tarte d'une ganache de chocolat brillant sur laquelle l'on trace le nom de la pâtisserie avec de la crème au beurre. Le javanais date probablement du début du 20e siècle. Le café joue un rôle important dans la confection de cette pâtisserie. D'où vraisemblablement le lien avec Java, connu pour ses fèves de café.

Karamel

'Karamellen' is de verzamelnaam voor een bepaald soort snoep dat in verschillende varianten bestaat. Over het algemeen zijn het kleine blokjes gebrande suiker, vermengd met room, koffie, vanille, enz. Dit taaie en zoete snoepgoed wordt in vierkantjes of blokjes gesneden en in een papiertje verpakt. Vroeger stonden op de verpakkings-papiertjes liefdesversjes, vandaar het woord 'karamellenverzen'.

Caramel Sweet

Known collectively as caramel sweets, this group of specific sweets consists of many different varieties. Generally they are small cubes of caramelised sugar, mixed with cream, coffee, vanilla, etc. These much-loved chewy, sweet and very moreish treats are cut into little squares and individually wrapped in paper. The little wrappers used to have love poems written on them, hence the Flemish word *karamellenverzen* (caramel sweet poems).

Caramel

Le caramel est l'appellation générale qui englobe une certaine sorte de friandises, dont il existe différentes variantes. Habituellement, il s'agit de petits dés de sucre caramélisé, mélangé à de la crème, du café, de la vanille, etc. Cette friandise dure et sucrée est découpée en carrés et emballée dans des sachets en papier. Dans le temps, les papiers d'emballage portaient des poèmes d'amour, d'où le nom de 'rimes de caramel'.

Kardinaalsmuts

De 'kardinaals- of pastersmuts' is een gebakje met als hoofdgrond-stoffen biscuit, boterroom en roze marsepein. Het taartje krijgt dank-zij de marsepein en het toefje boterroom met een viooltje het uit-zicht van de drie- of vierpuntige bonnet van katholieke geestelijken. Het gebakje vindt waarschijnlijk zijn oorsprong in de jaren 1930, toen er op zondag na de mis nog feestelijk werd gegeten.

Cardinal's Hat

The main ingredients of the little sponge cake known in Belgium as *kardinaalsmuts* or *pastersmuts* are sponge, butter cream and pink marzipan. The marzipan and the dollop of butter cream decorated with a violet make this little cake look like the three- or four-pointed biretta worn by Catholic clergymen. This pastry probably originated in the 1930's, when people still used to have festive meals on Sunday after attending the church service.

Barrette de cardinal

Le barrette de cardinal est une pâtisserie avec pour ingrédients prin-cipaux du biscuit, de la crème au beurre et du massepain rose. Grâce au massepain et à la rosette de crème au beurre surmontée d'une violette et sucre, la tartelette ressemble à la coiffe à trois ou quatre pointes des ecclésiastiques. La pâtisserie remonte probablement aux années 1930, quand le déjeuner après la messe était encore festif.

Katrienspek of Gents trientje

Katrienspekken of Gentse trientjes zijn knotsvormige snoepen gemaakt van bruine rietsuiker en glucose. De andere ingrediënten blijven een goed bewaard geheim. De suikerbrij wordt in koperen ketels gekookt tot op een temperatuur van 148 °C en daarna op een marmeren plaat gegoten om af te koelen en verder bewerkt en versneden te worden. De spekken zijn ontstaan rond 1870 en werden in de handel gebracht door Katrien Vandermaele, echtgenote van Pieter Gowie. Zij hadden een winkeltje op het St.-Michielsplein in Gent.

Katrienspek or Ghent Trientje

Comparable to marshmallows, *katrienspekken* or *Ghent Trientjes* are club-shaped sweets made from brown cane sugar and glucose. The other ingredients of these delightful treats are a well-kept secret. The sugar mash is cooked in copper kettles at a temperature of 148 °C and then poured onto a marble plate to cool down, after which they are processed further and cut into pieces. The sweets originated around 1870 and were introduced to the market by Katrien Vandermaele, the wife of Pieter Gowie, who had a shop on the St.-Michielsplein in Ghent.

Katrienspek ou Gents trientje

Les morceaux de katrienspek sont des friandises en forme de massue, réalisées à partir de sucre de canne et de glucose. Les autres ingrédients forment un secret jalousement gardé. La pâte de sucre est cuite dans des marmites en cuivre jusqu'à une température de 148 °C, puis versée sur un plan de travail en marbre afin de refroidir et, par la suite, d'être découpée. Ces bonbons sont apparus vers 1870 et ont été commercialisés par Katrien Vandermaele, épouse de Pieter Gowie. Ils avaient une échoppe sur la Sint-Michielsplein, à Gand.

Kattenkop of appelbol

Kattenkoppen zijn appelbollen die van deegrestjes en kleine appels worden gemaakt. De appels worden geschild en uitgehold, gevuld met suiker, kaneel, boter of bosbessengelei, in taartdeeg gerold en ingesmeerd met eieren. Na het bakken worden ze met bloemsuiker bestrooid en gaan ze nog eventjes in de oven.

Rombosses, de Waalse tegenhangers, worden op dezelfde manier gemaakt, maar worden afgewerkt met kristalsuiker. De naam *rombosse* verwijst naar een oud vrouwtje met kromme rug of bochel.

Kattenkop or Rombosse

Using the local produce of this area which is famous for its fruit, *kattenkoppen* (cat's heads) are delicious apple dumplings made from leftovers of dough and small apples. The apples are peeled and hollowed out, filled with sugar, cinnamon, butter or blueberry jam, rolled in tart dough and brushed with eggs. After they have been baked they are sprinkled with powdered sugar and put back into the oven for a little while.

The delicacies known as *rombosses* are made in the same way; the only difference is that they are finished off with granulated sugar. The name *rombosse* refers to an old lady with a hunchback.

Kattenkop ou rombosse

Les kattenkoppen sont des boules aux pommes réalisées à partir de restes de pâte et de petites pommes. Les pommes sont pelées et évidées, remplies de sucre, de cannelle, de beurre ou de gelée de myrtilles, puis roulées dans la pâte à tarte et enduites d'œufs. Après la cuisson, on les saupoudre de sucre glace et on les remet quelques instants au four.

On confectionne les rombosses de la même manière, mais on les décore de sucre semoule. Le nom 'rombosse' renvoie à une vieille femme bossue.

K

Kattentong

Kattentongen zijn dunne, brosse koekjes, al dan niet gevuld met een luchtige crème, op smaak gebrachte boterroom of ganache. Het koekje wordt vaak genuttigd bij een glaasje champagne of bij ijs, fruitsla of crèmes. Waarschijnlijk is Henri-Paul Pellaprat, de bekende Franse kok en banketbakker, de uitvinder van dit hedendaagse koekje. Het recept is terug te vinden in *La Patisserie Pratique* van 1919. Een ouder recept komt van Denis Joseph Vuillemot, leerling van Carème en boezemvriend van Alexandre Dumas.

De naam 'kattentongen' wordt ook gebruikt voor chocolaatjes die dezelfde vorm hebben als het koekje.

Cat's Tongue

Known in Belgium as *kattentongen* or *langues de chat*, cat's tongues are thin and brittle biscuits, which are sometimes filled with an airy cream, flavoured butter cream or ganache. This delicate and refined biscuit is often served with a glass of champagne or to accompany ice cream, fruit salad or other creamy desserts. Henri-Paul Pellaprat, the well-known French cook and pastry chef is most likely the inventor of this contemporary biscuit. The recipe can be found in the dessert book *La Patisserie Pratique* dating from 1919. An older recipe was supplied by Denis Joseph Vuillemot, one of Carème's apprentices and a close friend of Alexandre Dumas.

The name *kattentongen* is also used to refer to the chocolates which are shaped in the same form as the biscuit.

Langue-de-chat

Les langues-de-chat sont des biscuits fins, croustillants, fourrés ou non d'une crème légère, d'une crème au beurre aromatisée ou d'une ganache. Ce petit gâteau accompagne souvent une coupe de champagne, de la glace, une salade de fruits ou des crèmes. L'inventeur du biscuit sous sa forme actuelle est probablement Henri-Paul Pellaprat, le célèbre cuisinier et pâtissier français. La recette du gâteau est citée dans *La Pâtisserie Pratique*, de 1919. Il existe une recette plus ancienne de Denis Joseph Vuillemot, élève de Carème et ami intime d'Alexandre Dumas.

On désigne aussi du terme 'langue-de-chat' des chocolats qui ont la même forme que les biscuits.

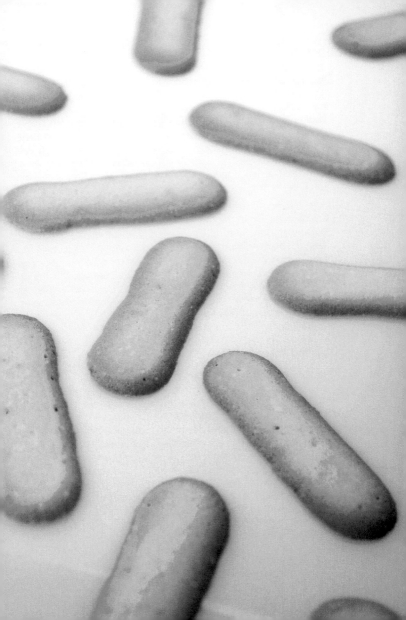

Kerststronk

De kerststronk is een taart in de vorm van een boomstam. Tegenwoordig bestaat ze in allerlei smaken, maar vroeger was het een traditioneel gebak met boterroom. De kerststronk wordt gegeten met Kerstmis en het eindejaar en verwijst naar een oude heidense traditie waarbij tijdens de winterzonnewende een houtblok in brand werd gestoken. Dit gebruik werd later door de Kerk overgenomen en verchristelijkt.

Yule Log Cake

The Yule log is a log-shaped spongy Christmas cake, covered in icing and sugared decorations. Nowadays you can get it in many different flavours, but in the old days it used to be a traditional pastry made with butter cream. The Yule log is served during the end of year celebrations and refers to the ancient pagan tradition of the Celts, who used to bring a large log inside on Winter Solstice and burn it to celebrate the return of the Sun God. Later, as Christianity spread throughout Europe, the tradition became more closely tied with Christmas, especially in England, where Father Christmas was often depicted carrying a log.

Bûche de Noël

La bûche de Noël est une tarte en forme de tronc d'arbre. Actuellement, on l'aromatise à différents parfums mais, dans le temps, il s'agissait d'une pâtisserie traditionnelle à la crème au beurre. La bûche de Noël se déguste à Noël et à la fin de l'année et se réfère à une ancienne tradition païenne au cours de laquelle, lors du solstice d'hiver, on incendiait une bûche. Par la suite, l'église a repris et christianisé cet usage.

Kletskop

Fijn, krokant en op kant gelijkend koekje gemaakt op basis van suiker, eieren, geschaafde amandelen en boter. In Brugge en Veurne zal men blijven ruziën over de ultieme herkomst van dit koekje, dat zowel *dentelle de Bruges* als 'kletskop' (kaalhoofd) wordt genoemd. Zelfs de Fransen en de Nederlanders claimen het eerstgeboorterecht met hun *tuiles* uit de 18de eeuw en Leidse zeerehoofdjes uit de 17de eeuw.

Lace Biscuit

Made from sugar, eggs, almond slices and butter, these refined, crispy biscuits have a lace-like appearance. The cities of Bruges and Veurne will probably never stop quarreling about the ultimate origin of this biscuit, which is referred to as *dentelle de Bruges* (Bruges lace) as well as *kletskop* (baldhead). Even the French and the Dutch are claiming the birthright with their 18th century *Tuiles* and their 17th century *Leidse zeerehoofdjes*.

Dentelle de Bruges

Il s'agit d'un biscuit fin et croustillant qui ressemble à de la dentelle et se compose de sucre, d'œufs, d'amandes effilées et de beurre. Entre Bruges et Furnes, on se dispute sans fin sur l'origine lointaine du gâteau, nommé à la fois 'dentelle de Bruges' et *kletskop* (crâne chauve). Même les Français et les Néerlandais réclament le titre d'inventeurs de ce biscuit, 'tuiles' du 18e siècle contre *zeerehoofdjes* de Leiden du 17e siècle.

Knapkoek uit Maaseik

De Maaseiker knapkoek of knapkoek uit het Maasland is een ronde koek bestrooid met dikke suikerkorrels. De koek heeft een fijne smaak en een lange houdbaarheid. Zijn naam zou afgeleid zijn van het knappende geluid bij het breken van de koek. De knapkoek is verwant aan de vissersbeschuiten en werd al in de 16de eeuw als proviand meegenomen door Maasschippers. Deze schippers zorgden ook voor de verspreiding en de bekendheid van de koek.

Maaseik Crackler Biscuit

A round biscuit sprinkled with fat grains of sugar, the Maaseik crackler biscuit (in Flemish *knapkoek*) is a crunchy delight with a refined taste and a very long storage life. The cracking sound which can be heard when breaking the biscuit into pieces is allegedly the origin of its name. The crackler biscuits are related to the fisherman's zwiebacks and as early as the 16th century they were used as provisions by the bargees sailing the river Meuse. These bargees were also responsible for the distribution and fame of this popular biscuit.

Biscuit croquant de Maaseik

Le biscuit croquant de Maaseik (appelé *knapkoek* en flamand) est un gâteau rond parsemé de gros grains de sucre. La saveur de la pâtisserie est fine, sa durée de conservation longue. Son nom serait déduit du son craquant qu'elle produit quand on la casse. Le *knapkoek* a des points communs avec les biscuits de pêcheurs. Au 16e siècle déjà, il faisait partie des provisions des bateliers de la Meuse. Le biscuit doit à ces marins sa diffusion et sa réputation.

Knibbelkensvlaai uit Limburg

De vlaai is een typisch Limburgs gebak met een taartbodem van geg- ist deeg waarop een laagje abrikozenconfituur of banketbakkersroom wordt gegoten. De knibbelkensvlaai dankt haar naam aan de 'knib- belkens' of worstjes deeg gemaakt van boter, bloem en lichtbruine suiker die de vlaai bedekken. Deze knibbelkens werden tot voor 1980 stuk voor stuk met de duim op de vlaai gedrukt. Daardoor ziet de bovenkant van de vlaai eruit als het rugschild van een schildpad. De versie op de foto is een moderne variant van hetzelfde recept.

Knibbelkensvlaai from Limburg

A typical product from the province of Limburg, the delicious pie (in Dutch *vlaai*) is a pastry consisting of a base of luxury yeast dough which is layered with apricot jam or confectioner's custard. The name *knibbelkensvlaai* refers to the pie covering or *knibbelkens* or sausage- shaped dough made from butter, flour and blonde sugar. Up until 1980 people used to use their thumb to manually press these *knib- belkens* one by one onto the pie, making the top look like the shell of a turtle. The photograph shows a modern version of the same recipe.

Knibbelkensvlaai du Limbourg

Cette tarte est typiquement limbourgeoise, avec un fond de tarte en pâte levée sur laquelle on étale une couche de confiture aux abri- cots ou de crème pâtissière. Le knibbelkensvlaai doit son nom au fait qu'il est couvert de *knibbelkens*, de petits rouleaux de pâte, des 'saucisses' confectionnées avec du beurre, de la farine et du sucre brun clair. Jusqu'en 1980, on pressait ces *knibbelkens* un à un sur la tarte avec le pouce pour faire ressembler la surface de la pâtisserie à une carapace de tortue. La photo montre une version moderne de cette recette.

Koekenbrood of kramiek

Koekenbrood, kramiek of melkbrood is brood op basis van bloem, melk, eieren, suiker, gist, boter en rozijnen. Vroeger werd koekenbrood thuis gebakken en enkel in het weekend of bij speciale gelegenheden gegeten. Van iemand met een groot hart wordt ook wel eens gezegd dat die persoon een hart van koekenbrood heeft.

Sweet Bread

The soft and highly palatable sweet bread, known as *koekenbrood*, *kramiek* or *melkbrood* is made from flour, milk, eggs, sugar, yeast, butter and raisins. Sweet bread used to be baked at home and was only consumed at the weekend (in some areas it is still known as Sunday bread) or on special occasions. When a person is referred to as somebody with a heart of *koekenbrood*, it means that this person has a heart of gold.

Pain brioché ou cramique

Le pain brioché, cramique ou pain de lait est un pain à base de farine, de lait, d'œufs, de sucre, de levure, de beurre et de raisins secs. Dans le temps, on faisait cuire le pain brioché à la maison et on ne le savourait que le week-end ou lors d'occasions particulières. On dit parfois, de quelqu'un qui a un cœur gros comme ça, qu'il est bon comme le bon pain.

Koffiekoek

De vakterm voor wat wij boterkoeken noemen is eigenlijk 'Deense koffiekoek'. Deze koek is uitgegroeid tot de ontbijtkoek op zondag-morgen. De algemene benaming staat voor een hele reeks koeken: van bolus over croissant, suisse (lang of rond), rozijnenkoek, crème- of puddingkoek, hoorntje, chocoladekoek, frangipanekoek, achtje of strikje tot een flap met appel-, abrikoos- of kriekenconfituur. De basis van deze koeken is bladerdeeg.

Breakfast Bun

Known in Belgium as *koffiekoeken* (coffee buns), because one usually has coffee with them, or *boterkoeken* (butter buns), because of the generous amount of butter that is used in the recipe, the specialist term for this wonderful range of breakfast buns is actually 'Danish pastries'. These delicacies, made from puff pastry, have become a tra-ditional part of Sunday breakfast, although they are just as eagerly consumed as an afternoon snack. The generic term covers a wide range of buns from sticky cinnamon buns, croissants, rectangular-shaped or round-shaped Swiss buns, raisin buns, cream-filled or custard-filled buns, cream horns, chocolate buns, frangipane buns, eight-shaped buns or bow tie buns to turnovers filled with apples, apricots, cherries or jam.

Brioche

Le terme professionnel désignant ce que nous appelons 'gâteau au beurre' est en fait 'brioche danoise'. Cette brioche a évolué jusqu'à devenir la pâtisserie du petit-déjeuner du dimanche. Cette dénomi-nation générale englobe toute une série de gâteaux, depuis la ga-lette jusqu'au croissant, en passant par la brioche suisse longue ou ronde, la brioche aux raisins, à la crème ou au pudding, le cornet, la brioche au chocolat, à la frangipane, le nœud ou palmier, sans ou-blier le chausson aux pommes, aux abricots et aux cerises ou à la confiture. La base de toutes ces pâtisseries est la pâte feuilletée.

K

(Kokos)rotsje

Het rotsje is een koekje van bloem, suiker, eiwit en kokosrasp in de vorm van een torentje. Vermoedelijk was dit recept al in het begin van de 20ste eeuw bij de burgerij bekend. Het werd echter ook op kermissen als de goedkopere versie van de macaron aangeboden.

(Coconut) Macaroon

The absolutely delicious, dome-shaped coconut macaroons are made from flour, sugar, egg whites and desiccated coconut. The recipe for these dense, moist and sweet pastries was probably known as early as the beginning of the 20th century by the members of the middle class. It was also sold at funfairs as a cheaper version of the original macaron, a traditional French pastry made with almond powder.

Rocher (à la noix de coco)

Le rocher est un petit gâteau de farine, de sucre, de blancs d'œufs et de noix de coco râpée, en forme de petite tour. La recette était probablement déjà connue de la bourgeoisie au début du 20e siècle. Pourtant, on trouve aussi la friandise lors des foires, en guise de version bon marché du macaron.

Krakeling uit Geraardsbergen

De krakeling is een koek gemaakt van tarwebloem; met een beetje verbeelding herkent men er een biddend kind in, met de armen over de borst gekruist. De koeken werden oorspronkelijk aan kinderen gegeven als beloning voor het opzeggen van hun gebeden. Het koekje werd bij de eerste Europese emigratiegolf naar Amerika meegenomen, waar in 1861 de eerste Amerikaanse krakelingen- of pretzelbakkerij werd opgericht. In Geraardsbergen vindt elk jaar op de laatste zondag van februari de krakelingenworp plaats, waarbij ronde, harde krakelingen met een gaatje in het midden in het publiek worden gegooid. Met dit eeuwenoude gebruik viert men de overgang van de winter naar de lente.

Geraardsbergen Krakeling

The traditional *krakeling* is a puff pastry biscuit made from wheat flour; using a bit of imagination one can see a praying child in it, with its arms crossed over its chest. Originally these biscuits were given to children as a reward for saying their prayers. The biscuit was exported to the United States during the first European wave of emigration, and in 1861 the first American *krakelingen* or *pretzel* bakery was founded. Every year on the last Sunday of February, residents gather in Geraardsbergen for the *krakelingen* throw, when round-shaped hard *krakelingen* with a hole in the middle are thrown to the crowd. This age-old Pagan ritual is celebrating the transition from winter to spring.

Craquelin de Geraardsbergen

Le craquelin est un gâteau à base de farine de froment. Avec un peu d'imagination, on y reconnaît un enfant en prière, les bras croisés devant la poitrine. Au départ, on remettait ces gâteaux aux enfants en guise de récompense pour avoir récité leurs actions de grâce. Le biscuit accompagne la première vague d'émigration européenne vers l'Amérique, où la première pâtisserie américaine de craquelins ou bretzels a été fondée en 1861. Chaque année, à Geraardsbergen, le dernier dimanche de février, se tient le lancer de craquelins : on jette des craquelins ronds et durs munis d'un trou au centre dans le public. Par cet usage séculaire, on célèbre le passage de l'hiver au printemps.

Kroaker uit Genk

De kroaker is een droog, krokant koekje dat in 1977 gecreëerd werd tijdens een wedstrijd om een regionale specialiteit te ontwikkelen. Het koekje, dat zijn naam dankt aan zijn krokante eigenschap, is gemaakt van zanddeeg waarin in rum gedrenkte rozijnen, hoeveboter en kokos verwerkt zijn. De kroakers worden tijdens de Sint-Martinusstoet en op de zondagsmarkten tijdens de zomer uitgedeeld.

Genk Kroaker

In 1977 a competition was organised to develop a regional specialty and on this occasion the *kroaker*, a dry and crispy biscuit, was created. The gourmet biscuit was given the name *kroaker* (Genk dialect for cracker) because of its crunchy feature. It is made from shortbread pastry enriched with rum-soaked raisins, farm butter and coconut. The *kroakers* are handed out during the Saint Martin procession in November and also at the Sunday markets in July and August.

Kroaker de Genk

Le *kroaker* est un biscuit sec et croquant, créé en 1977 lors d'un concours visant à développer une spécialité régionale. Le gâteau, qui doit son nom à son côté croquant, se compose d'une pâte sablée à laquelle l'on incorpore des raisins secs imbibés de rhum, du beurre fermier et de la noix de coco. On distribue les *kroakers* lors du cortège en l'honneur de Saint-Martin et l'été, aux marchés du dimanche.

Kwarktaart en tarte au stofé

In Waals-Brabant bestaan er heel wat varianten van de kwarktaart. In Jodoigne spreekt men over *la blanke doreye*. Deze taart wordt gemaakt van kwark, amandelen en banketbakkersroom. In Waver heeft men het over de *tarte au stofé*, een mengsel van witte boerenkaas, suiker, melk, macarons en amandelen op een laagje appels. De *tarte au stofé* zou voor het eerst aangeboden zijn in 1210, toen Waver het recht kreeg om handel te drijven. Nu nog wordt ze op de vijfjaarlijkse *Jeux de Jean et Alice* aan het publiek aangeboden.

Cheesecake and Tarte au Stofé

The province of Walloon Brabant houses quite a lot of varieties of delicious cheesecakes. In Jodoigne for instance they talk about *la blanke doreye*; a cheesecake made from fromage frais (a fresh, low-fat curd cheese, similar to cottage cheese), almonds and pastry cream. In Wavre however they refer to the *tarte au stofé*, a mixture of cottage cheese, sugar, milk, macarons and almonds on a layer of apples. The *tarte au stofé* is said to have been offered for the first time in 1210, when Wavre acquired trading rights. Nowadays, the cheesecake is offered to the public on the occasion of the five-yearly *Jeux de Jean et Alice*.

Tarte au fromage blanc et tarte au stofé

Le Brabant wallon compte nombre de variantes de tartes au fromage blanc. A Jodoigne, on parle de 'la blanke doreye'. Cette tarte est réalisée à base de fromage blanc, d'amandes et de crème pâtissière. A Wavre, il est question de 'tarte au stofé', un mélange de fromage blanc fermier, de sucre, de lait, de macarons et d'amandes sur une couche de pommes. On aurait présenté pour la première fois la tarte au stofé en 1210, à l'époque où Wavre s'est vu octroyer le droit de faire du commerce. Les tartes au stofé sont distribuées au public à l'occasion des Jeux de Jean et Alice qui sont organisés à Wavre tous les cinq ans.

Lackmans of lacquement uit Antwerpen en Luik

Dit dunne wafeltje gevuld met stroop is een typisch kermisgerecht. Het zou uitgevonden zijn door Désiré Smidts tijdens zijn leerstage in banketbakkerij Lacquement in Rijsel, Noord-Frankrijk. De lacquement kende van in het begin een groot succes en werd verder verspreid door de nakomelingen van Désiré Smidts, 'Désiré de Lille'.

Lackmans or Lacquement from Antwerp and Liège

This round-shaped, flat and thin waffle filled with gooey syrup is a typical funfair delicacy and is said to have been invented by Désiré Smidts during his apprenticeship in the Lacquement pastry bakery in Lille, a city in northern France. From the very beginning the lacquement waffle enjoyed an enormous success and the descendants of Désiré Smidts – more commonly known as *Désiré de Lille* – have ensured its distribution throughout the country.

Lackmans or lacquement d'Anvers et de Liège

C'est une gaufrette fine fourrée de mélasse. La gaufrette est typique des foires et aurait été inventée par Désiré Smidts au cours de son apprentissage à la pâtisserie Lacquement, de Lille, dans le nord de la France. Dès son lancement, le lacquement a connu un succès important et s'est répandu chez nous, grâce aux successeurs de Désiré Smidts, 'Désiré de Lille'.

Lekkie uit Kerselare of Edelare

Lekkies zijn bedevaartsnoepjes gemaakt van kandijsuiker, kandij-siroop en honing in water. Ze bevatten geen kleurstof. Hun naam is een vervorming van het Oost-Vlaamse werkwoord 'lekken'. Het recept werd ontwikkeld door Maximiliaan Consaal, die ook 'Jan van Gent' werd genoemd. Lekkies worden verkocht in kartonnen of metalen doosjes.

Lekkie from Kerselare or Edelare

Much-loved by pilgrims visiting the chapel on Edelare Hill, built in honour of a miraculous statue of Our Lady, *lekkies* are delightful sweets made from candy sugar, candied syrup and honey in water. They are healthy sweets as well since they do not contain any artificial colourings. Their name is a deformation of the East-Flemish verb *lekken* (to lick). The recipe was developed by Maximiliaan Consaal, who was also known by the name of *Jan van Gent* (Jan from Ghent). The tasty *lekkies* are sold in cardboard or metal boxes.

Lekkie de Kerselare ou Edelare

Les *lekkies* sont des friandises de pèlerinage confectionnées à base de sucre candi, de sirop de sucre candi et de miel allongé d'eau. Ils ne contiennent pas de colorant. Leur nom est une déformation du verbe *lekken*, de Flandre-Occidentale. Maximiliaan Consaal, aussi appelé *Jan van Gent*, en développe la recette. Les *lekkies* se vendent en cartons ou en petites boîtes métalliques.

Liers vlaaike

Het Liers vlaaike is een gebak gemaakt in ronde, relatief diepe kommetjes bekleed met een vetkorst van bloem, boter en melk en gevuld met een brij van brood, bloem, stroop en kruiden. Na het bakken vertoont het vulsel fijne barstjes en is het dooraderd. Op de handelstentoonstelling tijdens de Sint-Gummarusfeesten van 1890 bood Eugène van de Eynde de vlaai voor de eerste keer aan de koningin aan. Felix Timmermans heeft het Lierse gebak beroemd gemaakt in zijn *Keersken in de Lanteern*, waarin hij het verhaal vertelt van Sooiken van der Musschen, de Lierse bakker die het recept van de vlaai niet wou verklappen aan koning Leopold II.

Liers Vlaaike

Spicy and round-shaped, the Liers vlaaike is a pastry made in round, relatively deep, small bowls lined with a fatty dough made from flour, butter and milk and filled with a mash of bread, flour, treacle and herbs. After it has been baked, the filling shows little cracks and is veined. At the trade exhibition during the Saint Gummarus festivities in 1890 Eugène van de Eynde offered the pastry for the first time to the queen. Felix Timmermans has made the Lier pastry famous in his novel *Keersken in de Lanteern*, in which he tells the story of Sooiken van der Musschen, the baker from Lier who refused to tell the secret of the recipe to King Leopold II.

Liers vlaaike

Le Liers vlaaike est une pâtisserie confectionnée dans des bols ronds relativement profonds, surmontée d'une croûte grasse de farine, de beurre et de lait et fourrée de pâte à pain, de farine, de mélasse et d'épices. Après la cuisson, la farce présente de légères fissures et est marbrée. En 1890, lors de l'exposition commerciale au cours des fêtes de Sint-Gummarus, Eugène van de Eynde offre cette pâtisserie pour la première fois à la reine. Felix Timmermans assure le renom de la pâtisserie dans son *Keersken in de Lanteern*, où il raconte l'histoire de Sooiken van der Musschen, le boulanger de Lier qui refuse de révéler la recette du gâteau au roi Léopold II.

Limburgse vlaai

De Limburgse vlaai is een grote, platte taart gevuld met kersen, kruisbessen, abrikozen, pruimen of appels. De bodem bestaat uit een broos en luchtig, luxegerezen deeg en een laagje banketbakkersroom. Vlaaien worden reeds vernoemd in het eerste Nederlandstalige kookboek van Antonius Magirius (1612). Hij beschrijft er het deeg voor de taarten en de verschillende appel- en perenvulsels.

Limburg Pie

The delicious Limburg pies are large, flat pies which come in all sizes from 10 to 15 cm in diameter and are available with a variety of fillings such as cherries, gooseberries, apricots, prunes or apples. The base of the pie consists of brittle and airy luxury yeast-leavened dough and a layer of confectioner's custard. These famous pies were mentioned in the very first Dutch cookery book written by Antonius Magirius (1612), who gave a description of the dough needed to make the pies and the different apple and pear fillings.

Tarte du Limbourg

La tarte du Limbourg est une grande tarte plate décorée de cerises, de groseilles à maquereaux, d'abricots, de prunes ou de pommes. Le fond de tarte se compose d'une pâte fantaisie levée, légère et friable, et d'une couche de crème pâtissière. On retrouve déjà des mentions sur les premières tartes aux fruits dans le livre de recettes néerlandophone d'Antonius Magirius, en 1612. Il y décrit la pâte à tarte et les différents remplissages de pommes et de poires.

Luikse wafel

De suikerwafel of Luikse wafel wordt getypeerd door het gebruik van parelsuiker en gerezen deeg. De wafels zijn overal verkrijgbaar en worden vaak als tussendoortje uit het vuistje gegeten.

De Luikse wafel zou volgens de legende haar oorsprong vinden in de 18de eeuw, toen een Luikse prins-bisschop aan zijn kok vroeg om 'iets lekkers met stukken suiker' te bereiden. Het ontstaan van de wafels moet echter veel vroeger gesitueerd worden. Bij de oude Grieken werden reeds koeken, *obelios*, gebakken tussen verhitte platte metalen platen. Deze koeken zouden één obool gekost hebben en dienden als offergave.

Liège Waffle

Famous for its pearls of sugar that melt in the cooking to deliver its caramel, Liège waffles or sugar waffles are made with a dough that has been left to rise. Being a major part of the eating culture, these hand-held 'sugar snacks' are available on every corner of the streets. Legend has it that the Liège waffle originated in the 18th century, when the prince-bishop of Liège asked his cook for 'something delicious with bits of sugar'. The origin of waffles as such though goes a long way further back. In Ancient Greece a similar type of cakes, called *obelios*, were baked between two heated flat iron plates. The price of these cakes was one obole and they were used as offerings.

Gaufre liégeoise

L'utilisation de sucre cristallisé en perles et de pâte levée caractérise la gaufre au sucre ou gaufre liégeoise. On trouve ces gaufres partout et on les savoure souvent sur le pouce, en guise d'en-cas.

Selon la légende, l'origine de la gaufre liégeoise remonte au 18e siècle, quand le Prince-Evêque de Liège demande à son cuisinier de lui confectionner 'quelque chose de savoureux avec des morceaux de sucre'. Toutefois, la naissance des gaufres se situe beaucoup plus tôt. Les anciens Grecs fabriquaient déjà des galettes, dites *obelios*, cuites entre des plaques métalliques plates chauffées. Ces gâteaux auraient coûté une obole et auraient servi d'offrande.

Macaron de Beaumont

In het recept van macarons worden fijngestampte amandelen, suiker en eiwitten verwerkt. Volgens de legende zou het recept door een kok in het gevolg van Napoleon I aan de bakkersjongens van Beaumont gegeven zijn. Napoleon was toen, in 1815, onderweg naar het slagveld bij Waterloo. Volgens een ander verhaal zouden de macarons uitgevonden zijn door Vatel, de kok die ook de uitvinding van de slagroom op zijn naam heeft staan. Volgens officiële bronnen stuurde burgemeester Pepin de Vir al in 1814 macarons naar Lodewijk XVIII. Een andere bron spreekt van een *officier de bouche* (chefkok) van Lodewijk XIV die in 1667 in Beaumont langskwam en het recept naliet. La Maison Solbreux maakt deze macarons sinds 1842.

Macaron from Beaumont

The soft, scrumptious *macarons* are made from crushed almonds, sugar and egg whites. Legend has it that the recipe was given to the baker's assistants of Beaumont by a chef in the retinue of Napoleon I. Back then, in 1815, Napoleon was on his way to the battlefield near Waterloo. According to another story the delicious *macarons* were invented by Vatel, the same chef who is credited with the invention of whipped cream. Official sources say that mayor Pepin de Vir was already sending *macarons* to Louis XVIII back in 1814. And yet another source mentions an *officier de bouche* (chef) of Louis XIV who passed through Beaumont in 1667 and left the recipe behind. Macarons have been manufactured by La Maison Solbreux since 1842.

Macaron de Beaumont

La recette des macarons se compose d'amandes finement broyées, de sucre et de blancs d'œufs. Selon la légende, la méthode de préparation aurait été transmise aux apprentis pâtissiers de Beaumont par un cuisinier de la suite de Napoléon Ier. A l'époque, en 1815, Napoléon est en route vers le champ de bataille de Waterloo. Suivant une autre source, les macarons auraient été inventés par Vatel, le cuisinier qui a aussi créé la crème fraîche. Selon des références officielles, en 1814, le maire Pépin de Vir envoyait déjà des macarons à Louis XVIII. Une autre histoire encore parle d'un 'officier de bouche' (cuisinier en chef) de Louis XIV, qui serait passé par Beaumont en 1667 et y aurait laissé la recette. La Maison Solbreux fait les macarons depuis 1842.

Madeleintje

Madeleintjes zijn kleine, ovale botercakejes, geribbeld als een schelp. Over de oorsprong van dit koekje zijn de meest uiteenlopende verhalen neergepend. Volgens sommigen is er een verband met de schelp die pelgrims na het bezoek aan Compostella kregen en wordt er verwezen naar de kerk van la Sainte-Marie-Madeleine in Vézelay die op de route ernaartoe lag. Anderen beweren dat de naam ontleend is aan de Franse kokkin Madeleine Palmier.

Madeleine Cake

The light, spongy Madeleine cakes are small oval-shaped butter cakes, traditionally baked in sets of small cockleshell-shaped tins. The most diverse stories have been written about the origin of this fluffy delight. According to some sources there might be a link with the shell that pilgrims were given after visiting Compostella and the church of la Sainte-Marie-Madeleine in Vézelay located on the way to the place of pilgrimage. According to others it was named after the 19th century French pastry cook Madeleine Palmier.

Madeleine

Les madeleines sont de petits gâteaux au beurre rainurés comme des coquillages. On cite les récits les plus divergents sur l'origine du biscuit. Selon certains, il aurait un lien avec le coquillage que reçoivent les pèlerins après leur visite à Compostelle et à l'église Sainte-Marie-Madeleine, de Vézelay, sur la route de Saint-Jacques. D'autres affirment que le nom de 'madeleine' provient de la cuisinière française Madeleine Palmier.

Manon

De manon bestaat uit een chocoladeplakje met daarop een op smaak gebrachte mokkacrème en een okkernoot. Het geheel wordt daarna door suikerfondant gehaald. Basile Kestekides, de neef van de stichter van de wereldberoemde pralinezaak Leonidas, zou het idee opgevat hebben om de suiker die de traditionele manon omhulde, te vervangen door witte chocolade en de noot door een gegrilde hazelnoot. Nu is de manon een praline met verschillende smaken.

Manon

The original manon is a miniature tablet of chocolate topped with delicately flavoured mocha cream and a walnut, which is then coated in sugar fondant. Basile Kestekides, the nephew of Leonidas Kestekides who founded the world-renowned chocolate making company Leonidas, is said to have come up with the idea to replace the sugar which enveloped the traditional manon with white chocolate, and the walnut with a grilled hazelnut. Nowadays the name 'manon' refers to an assortment of chocolate delights with a variety of different flavoured fillings.

Manon

Le manon se compose d'une plaquette de chocolat surmontée de crème aromatisée au moka et d'une noix. L'ensemble est plongé dans du sucre fondant. Basile Kestekides, neveu du fondateur de la fabrique de pralines de réputation mondiale Leonidas, aurait eu l'idée de remplacer le sucre qui enrobait le manon traditionnel par du chocolat blanc, et la noix par une noisette grillée. Aujourd'hui, le manon est une praline qui existe en différents parfums.

Marie-José

De Marie-José is een kuipje van chocolade gevuld met slagroom, in stroop of likeur gedrenkte biscuit en fruit. Het recept wordt voor het eerst vermeld in een Belgisch receptenboek uit 1930. Het kuipje zou genoemd zijn naar prinses Marie-José, dochter van koning Albert I van België. Haar huwelijk met kroonprins Umberto van Italië zou de aanleiding geweest zijn voor de creatie van dit chocoladedessert.

Marie-José

Allegedly named after Princess Marie-José, the daughter of King Albert I of Belgium, and said to have been created on the occasion of her marriage to Crown Prince Umberto of Italy, the Marie-José is a lovely chocolate dessert. It consists of a chocolate shell shaped in the form of a little tub, filled with whipped cream, sponge cake drenched in treacle or liquor and fruit. The recipe for this gourmet delicacy is mentioned for the first time in a Belgian cookery book dating from 1930.

Marie-José

La Marie-José est une petite coupe de chocolat fourrée de crème fraîche, de biscuit imbibé de mélasse ou de liqueur et de fruits. Un livre de cuisine belge cite la recette pour la première fois en 1930. La coupe porterait le nom de la princesse Marie-José, fille du roi Albert Ier de Belgique. Ce dessert chocolaté aurait été créé à l'occasion de son mariage avec le prince héritier Umberto d'Italie.

Marsepein

Marsepein wordt gemaakt van amandelen en suiker en is populair als ingrediënt voor desserts, maar ook als zoetigheid op zich. Bij ons vind je het vooral tijdens de Sinterklaasperiode in de vorm van varkentjes, fruit en andere figuurtjes. Oorspronkelijk kwam marsepein uit het Nabije Oosten; via Byzantium en de kruisvaarders werd het in Europa geïntroduceerd. Over de oorsprong van het woord 'marsepein' bestaan er verschillende theorieën. De meest aanneembare is dat het woord afkomstig is van een Byzantijnse munt *mataban*. Deze munt werd door de Venetianen overgenomen en de naam *marzapane* ging via enkele omwegen over op de zoete inhoud van het houten doosje waarin het verpakt was.

Marzipan

Marzipan is a confectionery consisting of ground almonds and sugar; and is not only popular as an ingredient for various desserts, but also as an individual sweet as such. In Belgium marzipan is sold mainly at the time of the Saint Nicholas Feast (6th December), modelled into a wide assortment of animals, fruit and other figurines. Marzipan is believed to have originated in the Near East; it was introduced to Europe through Byzantium by the crusaders. There are different theories about the origin of the name 'marzipan', but the most plausible one is that the word has been derived from the monetary unit used in Byzantium called *mataban*. This unit was taken over by the inhabitants of Venice and the name *marzapane* transferred, albeit via a number of deviations, to the sweet contents of the wooden box it was packed in.

Massepain

Le massepain est réalisé avec des amandes et du sucre. C'est un ingrédient fort populaire des desserts, mais aussi en tant que friandise. En Belgique, on le trouve surtout en période de Saint-Nicolas, sous la forme de petits cochons, de fruits et d'autres figurines. Au départ, le massepain vient du Proche-Orient. Il est introduit en Europe par les croisés, via Byzance. Différentes théories circulent sur l'origine de son nom. La plus acceptable affirme que le mot provient d'une monnaie byzantine, le *mataban*. Cette monnaie est reprise par les Vénitiens et le nom de *Marzapane* fait quelques détours jusqu'à indiquer la masse sucrée contenue dans la petite boîte en bois.

Mastel

Mastellen worden gemaakt van goed afgewerkt beschuitdeeg waaraan soms anijs en andere kruiden worden toegevoegd. De mastel
heeft een ronde, platte vorm met een klein kuiltje in het midden.
De koeken werden vroeger bij begrafenissen en andere plechtighe-
den gegeten. Zo kregen communicanten op hun eerste communie
mastellen en chocoladekoffie voorgeschoteld. In de kroeg diende
de mastel om het glas bier af te dekken. De mastel die aan de kust
wordt aangeboden, is gemaakt van sandwichdeeg met kaneel en
wordt soms gevuld met gele room. Harde mastellen vormen het ba-
sisingrediënt van vlaaien.

Mastel

The fluffy and egg-brushed *mastellen* are made from rich rusk dough,
which is sometimes perfumed with aniseed and other herbs. Round-
shaped and flat, with a little hole in the middle, the *mastel* looks like a
doughnut which has not been fully perforated. The rolls used to be
consumed at funerals and other official ceremonies; children who
were making their first Communion were presented with *mastellen*
and chocolate coffee on the day. But they were also used for other
purposes – in pubs the *mastel* was the perfect cover for a glass of
beer. There are also regional differences: the *mastel* which is sold at
the seaside is made from soft bread roll dough flavoured with cinnamon and is sometimes filled with yellow cream; in the Ghent area
the *mastel* is also called 'Saint Hubert bread'. Hard *mastellen* are the
basic ingredients of *vlaai* (type of tart).

Mastelle

On confectionne les mastelles à partir de pâte à biscuit bien tra-
vaillée, à laquelle l'on ajoute parfois de l'anis et d'autres épices. La
mastelle est ronde et plate de forme avec un petit puits au milieu.
Avant, on consommait ces gâteaux lors d'enterrements et d'autres
cérémonies. Ainsi, lors de leur première communion, on servait aux
communiants des mastelles et du café chocolaté. Au troquet, les
mastelles servaient à couvrir les verres de bière. La mastelle propo-
sée à la côte se compose de pâte à sandwich avec de la cannelle. On
la fourre parfois de crème pâtissière. Les mastelles dures constituent
l'ingrédient de base des flans.

Mattentaart uit Geraardsbergen

De Geraardsbergse mattentaart is een bladerdeeggebak gevuld met matten. Matten worden gemaakt van verse melk en karnemelk die aan de kook worden gebracht. Na het koken stremt de melk en kan men de wei afgieten en de wrongel laten uitlekken in neteldoeken. In oude Duitse, Franse en Vlaamse dialecten zou *matte* of *matton* geronnen of gestremde melk betekenen. Over de oorsprong van de taart is weinig bekend, toch gaat de geschiedenis ervan volgens sommigen terug tot aan de Middeleeuwen. In het nu verdwenen kasteel van Schendelbeke aten de bewoners al mattentaarten. Ter promotie van de taart werd in 1979 het Broederschap van de Geraardsbergse mattentaart opgericht.

Geraardsbergen Mattentaart

Granted the Protected Geographic Indication label by the EU, the *mattentaart* is made from puff pastry, filled with *matten* (curds). The *matten* are made from a combination of fresh milk and buttermilk which is brought to the boiling point. After it has been boiling the milk will curdle, at which point the whey is poured through muslins and the curd is left to drain. In old German, French and Flemish dialects *matte* or *matton* would mean curdled or coagulated milk. Little is known about the origin of this, almond-flavoured tartlet, although some people claim that its history dates back as far as the Middle Ages. The inhabitants of the Schendelbeke castle, which has disappeared in the meantime, were claimed to be lovers of the *mattentaarten*. To promote the exclusive pastry delicacies the Brotherhood of the Geraardsbergen Mattentaart was founded in 1979.

Tarte aux matons de Geraardsbergen

La tarte aux matons est une pâtisserie en pâte feuilletée, fourrée de matons. Les matons sont réalisés à base de lait frais et de babeurre, portés à ébullition. Après la cuisson, le lait caille et l'on peut verser le petit-lait et le caillé dans des étamines. Dans d'anciens dialectes allemands, français et flamands, *matte* ou *maton* signifierait lait caillé. On ne sait pas grand-chose sur les origines de la tarte. Toutefois, certains affirment que son histoire remonte au Moyen-Âge. Les habitants du château de Schendelbeke, aujourd'hui disparu, savouraient déjà des tartes aux matons. En 1979, on a fondé la Confrérie de la tarte aux matons de Geraardsbergen pour promouvoir cette pâtisserie.

Meringue

Meringue, ook wel 'schuimpje' genoemd, is een dessert gemaakt van eiwit en suiker die samen worden opgeklopt tot een luchtig maar stevig mengsel. Daarna wordt het mengsel op bakplaten of in figuren gespoten en gedroogd in een afkoelende oven. Meringue zou in 1720 uitgevonden zijn door Gasparini in het Zwitserse Meringen. Een ander verhaal heeft het over het Poolse *marzynka*, uitgevonden door de chef kok van koning Stanislas I Leszcynski, schoonvader van de Franse koning Lodewijk XV.

Meringue

Meringue, in Flemish also known as *schuimpje*, is a light and very sweet dessert made from egg whites and caster sugar, which are whisked together until they form a foamy but stiff mixture. This mixture is then piped onto baking trays or into figure-shaped moulds and dried out in an oven that is cooling down. Some sources say that meringue was invented in 1720 in the Swiss town of Meiringen by an Italian chef named Gasparini. Other sources refer to the Polish *marzynka*, invented by the pastry baker of King Stanislas I Leszcynski, the father-in-law of the French King Louis XV.

Meringue

La meringue est un dessert réalisé à partir de blancs d'œufs et de sucre, battus ensemble en une masse légère mais ferme. Ensuite, on répartit le mélange sur des plaques de cuisson ou on les presse en différentes formes à l'aide d'une poche à douille et on les fait sécher dans un four en train de refroidir. La meringue aurait été inventée en 1720 par Gasparini, en Suisse, à Meringen. Selon d'autres sources, la *marzynka* polonaise aurait été créée par le cuisinier en chef du roi Stanislas Ier Leszczynski, beau-père du roi de France Louis XV.

Meringuetaart uit Veurne

Deze taart is opgebouwd uit verschillende laagjes, afwisselend een laagje meringue en een laagje boterroom. Het gebak is afgewerkt met toefjes boterroom, kattentongen en een groen lintje. Emilius De Hollander maakte de meringuetaart voor het eerst en ondertussen heeft de vierde generatie de productie ervan overgenomen. De taart is een begrip in de streekgastronomie van Veurne en omstreken.

Veurne Meringue Gâteau

This festive gâteau is made up of several crisp layers of meringue, sandwiched together with butter cream. The pastry is finished off with dollops of butter cream, cat's tongues biscuits and a green ribbon. Emilius De Hollander invented this lovely meringue delicacy – today we are down to the fourth generation with his great-granddaughter Vera keeping up the tradition of producing this organic artisan gourmet pastry, which is a renowned entry on the list of regional gastronomy products in Veurne and its surroundings.

Tarte meringuée de Furnes

Cette tarte est construite de différentes couches : meringue et crème au beurre en alternance. La pâtisserie est garnie de rosettes de crème au beurre, de langues de chat et d'un ruban vert. Emilius De Hollander a réalisé la première tarte meringuée et depuis, l'on en est déjà à la quatrième génération qui a repris la production de cette pâtisserie. Cette tarte est devenue un concept de la gastronomie régionale de Furnes et environs.

Merveilleux

De Merveilleux is een combinatie van meringue omhuld met slagroom en versierd met chocoladeschilfers. Meringue werd volgens tal van verhalen voor het eerst bereid in Polen door de banketbakker van koning Stanislaw I Lezczynski. De toenmalige huwelijkspolitiek zorgde ervoor dat het met suiker opgeklopte eiwit samen met de Poolse prinses en haar hofhouding in Frankrijk terechtkwam. Het was de beroemde Franse kok Carême die het recept aanpaste zodat het in allerlei vormen kon gespoten worden met behulp van de pas uitgevonden spuitzak. De klassieke Merveilleux maakt nog steeds deel uit van het vaste assortiment van elke banketbakker.

Merveilleux

A superb combination of meringue wrapped in whipped cream and decorated with chocolate flakes, the Merveilleux is a feast for the eyes and the palate. According to a lot of stories, meringue was prepared for the first time in Poland by the pastry baker of King Stanislaw I Lezczynski. The marriage politics which were common at that time ensured that the combination of whipped egg whites and caster sugar, as light as air and at the same time crisp and melting in the mouth, ended up in France together with the Polish princess and her royal household. It was the famous French cook Carême who adjusted the recipe so it could be piped into all kinds of shapes with the help of the newly invented piping bag. The classic Merveilleux is still part of the traditional assortment of every pastry chef.

Merveilleux

Le Merveilleux associe la meringue enrobée de crème fouettée à la décoration en copeaux de chocolat. De nombreuses histoires relatent le fait que la meringue ait été préparée pour la première fois en Pologne par le pâtissier du roi Stanislas Ier Leszcynski. La politique matrimoniale de l'époque œuvre en sorte que les blancs d'œufs battus avec du sucre migrent en compagnie d'une princesse polonaise et sa cour vers la France. Le célèbre cuisinier français Carême adapte cette recette de manière à ce que l'on puisse presser la masse neigeuse dans différentes formes à l'aide de la poche à douille, que l'on vient d'inventer. Le Merveilleux classique fait toujours partie de l'assortiment courant de tout pâtissier.

Millefeuille

Deze taart bestaat uit drie lagen bladerdeeg met daartussen banket-bakkersroom en abrikozenconfituur. De millefeuille – letterlijk: duizend bladen – wordt afgewerkt volgens de creativiteit van de bakker, meest-al met glazuur. Volgens de legende zou Claude Gelée het bladerdeeg per ongeluk hebben uitgevonden. Hij vergat de boter in het deeg en voegde het later bij het uitrollen toe. Daardoor ontstaan bij het bakken verschillende laagjes. Het resultaat is een heel luchtig gebak.

Millefeuille

This whispy, light pastry consists of three layers of flaky puff pastry filled with pastry cream and apricot jam. The millefeuille – literally 'thousand leaves' in French – is usually finished off with icing sugar, although some pastry bakers will opt for a more creative alternative. Legend has it that Claude Gelée invented the puff pastry by acci-dent. He forgot to include butter in the dough, so he added it later on when rolling the dough out on the table, folding it, and repeating this procedure about ten times. The separate, fine layers formed dur-ing the baking process give the pastry its unique, airy texture.

Millefeuille

Cette tarte se compose de trois couches de pâte feuilletée entre les-quelles on étale de la crème pâtissière et de la confiture d'abricots. La finition du millefeuille dépend de la créativité du pâtissier et consiste en général en un glaçage. Selon la légende, Claude Gelée aurait dé-couvert la pâte feuilletée par accident. Il oublie de travailler le beurre dans la pâte et l'ajoute plus tard, en étalant la masse. A la cuisson, dif-férentes couches se forment. Il en résulte une pâtisserie très légère.

Misérable

Misérable is een taart met twee lagen amandelbiscuit en daartussen vanilleboterroom. De taart komt voor in twee vormen: vierkant of rond. De versiering bovenop de taart is sober: meestal wordt ze afgepoederd met poedersuiker en cacaopoeder. Hoewel het verband met Victor Hugo's boek *Les Misérables* voor de hand lijkt te liggen, heeft de auteur noch het boek iets met de taart te maken. De Fransen kennen de taart onder de naam *Marjolaine* en dat is de reden waarvoor onder andere de *Larousse Gastronomique* en de *Manuel de pâtisserie* in alle talen zwijgen over de Misérable.

Misérable

The misérable is made from two layers of almond sponge cake and a filling of vanilla butter cream. It can be found in two different shapes: either square-shaped or circle-shaped. The decoration on top of the cake is very plain: most of the time it is just dusted with powdered sugar and cacao powder. Although the link with Victor Hugo's novel *Les Misérables* is quite obvious, the author has nothing to do with the cake, nor does the novel. The French know this cake by the name *Marjolaine* and this is the reason why among others the *Larousse Gastronomique* and the *Manuel de pâtisserie* do not mention the misérable at all.

Misérable

Le misérable est une tarte composée de deux couches de biscuit aux amandes entre lesquelles l'on étale de la crème au beurre et à la vanille. Le gâteau se présente sous deux formes : carré ou rond. Il est sobrement décoré : en général, il est saupoudré en son sommet de sucre impalpable et de cacao en poudre. Bien que le lien avec le roman de Victor Hugo *Les Misérables* semble évident, ni l'auteur ni le livre n'ont de rapport avec la tarte. Les Français la connaissent sous le nom de 'marjolaine'. C'est pourquoi ni le *Larousse Gastronomique*, ni le *Manuel de pâtisserie*, entre autres, ne parlent du misérable.

Mokatine

De mokatine uit Antwerpen is een harde karamel met koffiesmaak. Het snoepje bevat onder andere glucose, plantaardige vetstof en suiker en wordt verpakt in een papiertje met daarop de afbeelding van het hoofd van een Arabier. De Arabier verwijst naar de Arabica-koffie. De Antwerpenaar Louis Roodthooft vond de mokatine uit in 1934, na een reis naar Italië. Hij maakte daar kennis met een speciale verpakkingsvorm voor snoepjes waarbij het papiertje onderaan wordt dichtgeplooid en bovenaan wordt gedraaid. De confiserie Roodthooft bestaat al sinds 1925.

Caramella Mokatine

The world-famous mokatine (also known as the 'Arab') is a coffee-flavoured toffee in a sachetti wrapper. The hard sweet contains, amongst other items, glucose, vegetable fat and sugar. The image of an Arab imprinted on the sachetti wrapper refers to the Arabica coffee. Louis Roodthooft from Antwerp invented the popular mokatine in 1934 after a trip to Italy where he was introduced to a special type of packaging for sweets, the sachetti, which is folded shut at the bottom and twisted at the top. The family company Confiserie Roodthooft has been producing high-quality Belgian toffees and sweets since 1925.

Mokatine

La mokatine d'Anvers est un caramel dur au goût de café. La friandise contient entre autres du glucose, de la graisse végétale et du sucre et est emballée dans un petit papier portant comme image le visage d'un Arabe, en référence au café de la variété arabica. Louis Roodthooft d'Anvers invente la mokatine en 1934, après un voyage en Italie où il découvre une manière particulière d'envelopper les friandises, en repliant le papier à la base et en le roulant au sommet. La confiserie Roodthooft existe depuis 1925.

Moutspeculaas uit het Hageland

Mout, een van de basisingrediënten van bier, is gerst die eerst geweekt en tot kiemen gebracht werd en daarna gedroogd werd. De donkergekleurde mout heeft een karamelachtige, kruidige smaak en is ideaal om in tijden van schaarste de dure speculaaskruiden te vervangen. Het oorspronkelijke recept werd tijdens de Eerste Wereldoorlog door bakker Swinnen vanuit Brussel meegenomen. De Hagelandse moutspeculaas wordt vooral 'geprint' in speculaasvormen met de afbeelding van markiezen en markiezinnen en krijgt het streekproductlabel.

Hageland Malt Speculaas

Malt, one of the basic ingredients of beer, is barley which has been soaked in water, thus made to germinate, and then has been dried. The dark-coloured malt has a caramel-like, spicy taste and is the ideal substitution for the expensive *speculaas* spices in times of shortage. The original recipe was taken from Brussels during the First World War by the baker Swinnen. The Hageland malt speculaas, which is labelled a regional product, is mainly 'printed' in speculaas moulds portraying marquises and marquesses.

Spéculos de malt du Hageland

Le malt est de l'orge trempée, qui a germé et est séchée, et constitue l'un des ingrédients de base de la bière. Le malt foncé a une saveur caramélisée, épicée et remplace parfaitement les épices coûteuses des spéculos en période de disette. Lors de la Première Guerre mondiale, en partant de Bruxelles, le boulanger Swinnen emmène la recette d'origine. Le spéculos de malt du Hageland est essentiellement 'imprimé' à l'effigie de marquis et de marquises et porte le label de produit régional.

Muilentrekker of totentrekker

Een muilentrekker is een bolvormige snoep waarvan de buitenste laag met veel citroenzuur bewerkt is. De snoep is zo zuur dat je wangen samentrekken wanneer je erop zuigt. De oorspronkelijke muilentrekkers waren geel van kleur, later volgden andere kleuren met andere smaken zoals rood met kersensmaak en blauw met violetsmaak. Het woord 'muilentrekker' wordt ook gebruikt voor een achterbaks persoon of iemand die zich telkens anders voordoet naargelang iets in zijn voordeel past.

Face Puller

These mouth tingling sour sweets, called *muiletrekkers* or *totentrekkers* in Flemish, are spherical-shaped sweets with a tangy citric acid coating. The sweets are so sour that they make your cheeks pull together when you suck them. The original face pullers were yellow-coloured, but other flavourings and colourings became available later on such as the red-coloured cherry-flavoured ones and the blue-coloured variety with violet. The word *muiletrekker* is also used to refer to somebody who puts on a different face in order to turn the situation to his/her advantage.

Muilentrekker ou totentrekker

Le muilentrekker est un bonbon rond dont la couche extérieure contient beaucoup d'acide citrique. Il est tellement sur qu'il fait contracter les joues quand on le suce. Les muilentrekkers d'origine étaient de couleur jaune. Puis, d'autres couleurs et parfums ont suivi, comme le rouge pour la cerise et le bleu pour la violette. Le terme de 'muilentrekker' s'applique aussi à quelqu'un qui change le comportement selon ce qui est à son avantage, un opportuniste, en somme.

Mumbol uit Hoegaarden

Mumbollen zijn snoep gemaakt van suiker, natuurlijke muntolie, kandijsuiker en boter. De geschiedenis van deze specialiteit gaat ver terug. Bij de opkomst van de eerste suikerfabrieken in de streek wordt al gewag gemaakt van 'kermelle' en 'lekstekke'. Het was Jan Putzeys, een bakker op het Gemeenteplein van Hoegaarden, die het eerste Leuvense recept in 1854 voor twintig frank kocht. De snoepen, die toen nog 'ulevellen' heetten, hadden een donkere kleur door het gebruik van suiker van lage kwaliteit en zuiverheid. Later, door verbetering van de suiker, kregen de mumbollen de kleur die ze vandaag nog altijd hebben.

Hoegaarden Mumbol

World-famous for its delicious white beer, Hoegaarden also has another regional specialty called *mumbollen*. These sweets are made from sugar, natural mint oil, candy sugar and butter. The history of these delightful sweets goes back a long way. When the first sugar refineries settled into the area, there was already a reference to *kermelle* and *lekstekke*. It was Jan Putzeys, a baker located on the Main Square in Hoegaarden, who bought the first Louvain recipe in 1854 for twenty Belgian francs. The sweets, at that time still known as *ulevellen*, were dark in colour because of the use of sugar which was low in quality and purity. As the quality of the sugar has improved the *mumbollen* have also changed colour.

Mumbol de Hoegaarden

Les *mumbollen* sont des friandises à base de sucre, d'huile de menthe naturelle, de sucre candi et de beurre. L'histoire de cette spécialité remonte loin dans le temps. Lors de l'apparition des premières usines sucrières dans la région, il est déjà fait mention de *kermelle* et de *lekstekke*. En 1854, Jan Putzeys, boulanger sur la place communale de Hoegaarden, achète la première recette en provenance de Louvain pour vingt francs. Les friandises qui, à l'époque, s'appelaient encore *ulevellen* étaient de couleur sombre à cause de l'utilisation de sucre de qualité et de pureté inférieures. Par la suite, grâce à l'amélioration du sucre, les *mumbollen* prennent leur couleur actuelle.

Muntbal

De muntbal van vroeger zag er net als een anijsbal uit maar had andere kleuren: het was een gele bol met witte lijnen. Andere muntballen zoals de Diestse begijnenbollen zijn zwarte suikerbollen met muntsmaak. Muntsnoep bestaat ongeveer in alle kleuren en vormen en kan zowel hard als zacht zijn. Een bekende variant is de witte pepermunt. Al deze muntsnoepjes geven een verfrissende smaak af in de mond.

Mint Ball

The spherical mints of old looked just like the shiny and dark brownish red aniseed balls, but they had a different colouring, i.e. yellow with white stripes. Other mint balls such as the Diest *begijnenbollen* (beguine's sweets) are black spherical sugar sweets with a minty flavour. Mint sweets exist in a large variety of colours and shapes and they are either rock hard and brittle or soft and chewy; the rolls of white peppermints are also a well-known and popular variety. Delightfully refreshing to the palate, mint sweets are soothing, aromatic treats which also act as an aid to digestion.

Boule de menthe

La boule de menthe d'avant ressemblait comme deux gouttes d'eau à la boule d'anis, mais existait dans d'autres couleurs. Il s'agissait d'une boule jaune rayée de blanc. D'autres boules de menthe, comme les *Diestse begijnenbollen*, sont des boules de sucre noires au parfum de menthe. Les sucreries à la menthe existent quasi dans toutes les couleurs et formes, et peuvent être dures ou molles. Les pastilles blanches à la menthe en sont une variante connue. Le commun dénominateur de toutes ces friandises est leur goût rafraîchissant en bouche.

Mustachol en maneblusserkoekje

Mustachol(l)en zijn ovalen gebakjes op basis van marsepein met een roze of geel-witte bovenlaag. De mustachol zou oorspronkelijk uit Italië komen. Het verhaal gaat dat Sint-Franciscus enkele dagen voor zijn dood Jacoba de Settesoli ontbood en hem vroeg suiker, honing en amandelen mee te brengen om er een koek van te maken. De koek kwam in Mechelen terecht via enkele volgelingen van Sint-Franciscus. Volgens een ander verhaal dateert het recept van het koekje uit de tijd van keizer Karel. De mustachol is de voorloper van het huidige 'maneblusserkoekje'.

Mustachol and Maneblusser Biscuit

This moon-shaped gourmet delicacy made from baked marzipan and finished off with sugar icing is named after the nickname of the inhabitants of Mechelen, who are called *maneblussers* (moon extinguishers) because they tried to put out a fire in the Saint Rumbold's Tower in 1687 which turned out to be merely the moon projecting a reddish glow on the tower. Originally the biscuits were called *mustachol(l)en*. The oval-shaped marzipan pastry had a pink or yellow-white top layer and was said to be of Italian origin. Legend has it that Saint Francis from Assisi (1182-1226) wrote to Lady Jacoba de Settesoli a few days before he died and asked her to come and visit him and to bring sugar, honey and almonds to make pastries. The delicious *mostaccioli* biscuits, still a regional specialty in Assisi today ended up in Mechelen thanks to a few followers of Saint Francis. Another story claims that the biscuit's recipe dates back to the time of Charles the Emperor (1500-1558).

Mustachol et maneblusserkoekje

Il s'agit d'une pâtisserie ovale à base de massepain dont la couche supérieure est rose ou jaune et blanche. Le mustachol serait d'origine italienne. On raconte que, quelques jours avant sa mort, saint François aurait fait écrire à Jacoba de Settesoli de venir et d'amener du sucre, du miel et des amandes pour en confectionner un gâteau. Lequel s'est retrouvé à Malines grâce à quelques disciples de saint François. Selon un autre récit, la recette du gâteau date de l'époque de Charles Quint. Le mustachol est le précurseur de l'actuel maneblusserkoekje.

N

Napoleon

De Napoleon is een rond snoepje met een hard omhulsel van glazuur waarin citroenzuur zit. Louis Janssens, een confiseur uit Antwerpen, vond het snoepje uit in 1912. De naam 'Napoleon' kwam er als reactie op de 'Cesar', een ambachtelijk geproduceerde chocoladereep van een collega. In 1973 kwamen de Napoleons in handen van de familie Stappaerts, die ervoor zorgde dat de Napoleon ook het buitenland veroverde. Het bedrijf werd in 2003 verkocht. Het snoepje bestaat ondertussen in 28 verschillende smaken.

Napoleon Sour Sweet

Since they were created in 1912 by Louis Janssens, an Antwerp confectioner, these well-known round-shaped yellow sweets with the lemon acid core have conquered the palates in more than 25 countries on 4 continents. Allegiance to the original taste, artisan quality care and natural ingredients have been the essence of the manufacturing process since the business was taken over in 1973 by the Stappaerts family, who promoted its world-wide distribution. Louis Janssens named the sweet 'Napoleon' as a response to the 'Cesar', an artisanally produced chocolate bar introduced by one of his colleagues. The company Bonbons Napoleon, which was sold by the Stappaerts family in 2003, is considered to be Europe's specialist in sherbet-filled sweets, offering about 28 different flavours.

Bonbon Napoléon

Le bonbon Napoléon est une boule enrobée d'un glaçage dur contenant de l'acide citrique. Louis Janssens, confiseur à Anvers, invente la friandise en 1912. Le nom 'Napoléon' est choisi en réaction au César, une barre de chocolat artisanale produite par un collègue. En 1973, les bonbons Napoléon entrent en possession de la famille Stappaerts, qui leur fait conquérir d'autres pays. En 2003, l'entreprise est vendue. Actuellement, le bonbon Napoléon existe en vingt-huit saveurs différentes.

Natuurboterwafel of luk

Leonard Lodewijk de Bo schrijft in 1873 in het West-Vlaamse Idioticon dat een luk een dun stevig wafeltje is, doorgaans ovaal van vorm en gemaakt van bloem, boter en suiker. Lukken worden als nieuwjaarsgift geschonken. In de Westhoek bestaat de zegswijze: 'ik ga mijn pette lukken', wat zoveel wil zeggen als 'ik ga mijn peter gelukkig nieuwjaar toewensen'. Het maken van lukken was vroeger een echte huisnijverheid; elk gezin bakte lukken op de Leuvense stoof. Later namen de bakkers deze taak over en ook de familie Destrooper legde zich toe op de fabricatie en wereldwijde verspreiding van dit knapperige wafeltje.

Butter Crisp or Luk

An advocate of the local dialect, the priest and teacher Leonard Lodewijk de Bo wrote in the Idioticon of West-Flanders in 1873 that a luk was a thin and crispy wafer, oval in shape and made from flour, butter and sugar. Derived from the Dutch word *geluk*, meaning 'luck', these traditional biscuits are very popular as New Year's gifts. Especially in West-Flanders these delicacies are still part of regional folkore and every family has its own recipe. Before the bakers took on the task of manufacturing butter crisps, they were baked at home on an old stove. Known for butter crisps with a typical 'diamond pattern', the Destrooper family is at present one of the major producers of these crunchy wafers and responsible for the world-wide distribution of this regional product of Flanders.

Galette au beurre ou luk

En 1873, Leonard Lodewijk de Bo écrit, dans le glossaire de Flandre-Occidentale, que le luk est une gaufrette dure, en général de forme ovale, réalisée avec de la farine, du beurre et du sucre. On offre des *lukken* pour le Nouvel An. Il y a un dicton dans le Westhoek : *'Ik ga mijn pette lukken'*, ce qui signifie 'Je vais souhaiter une heureuse année à mon parrain'. Avant, la confection de *lukken* était un véritable artisanat domestique : chaque famille faisait cuire des *lukken* sur son poêle de Louvain. Par la suite, les pâtissiers ont repris cette tâche et la famille Destrooper s'est appliquée à la fabrication et à la diffusion mondiale de cette gaufrette.

Nonnenbil

Nonnenbillen, lards, spekken, ouwe wijvevlies, jong maskesvlies, oude meetjesvlees zijn maar enkele namen voor de roos-witte, langwerpige en zachte snoepen met een vlezige structuur. Dit snoepgoed is verwant aan de bekende 'marshmallows' en wordt soms ook omhuld met een laagje chocolade of kokosschilfers. De malse nonnenbillen zijn typisch Gents snoepgoed.

Nonnenbil

The pink-white, rectangular-shaped soft sweets with a meaty structure are known by many different names in Belgium including *nonnenbillen (nun's buttocks)*, *lards, spekken, ouwe wijvevlies, jong maskesvlies* and *oude meetjesvlees*. These popular sweets are comparable to the well-known marshmallows and are sometimes covered in a layer of velvety chocolate or coconut flakes. The delicious, tender nun's buttocks are typical Ghent sweets.

Lard

Lards, chamallows, guimauves, *nonnenbillen, spekken, ouwe wijvevlies, jong maskesvlies, oude meetjesvlees*… autant de noms qui désignent ces friandises rectangulaires, roses sur une face, blanches sur l'autre et tendres en bouche. La sucrerie est apparentée aux célèbres marshmallows et est parfois enrobée d'une couche de chocolat ou de copeaux de noix de coco. Ces lards mous sont des friandises typiquement gantoises.

Nop en pepernoot uit Scherpenheuvel

Noppen en pepernoten zijn taaie koekjes die in de kraampjes in de buurt van de basiliek van Scherpenheuvel en in de lokale bakkerijen verkocht worden. De pepernoten zijn langwerpig en bevatten anijs en wijnsteenpoeder. De noppen zijn ronde, manueel gevormde bolletjes gemaakt van bloem, suiker, honing en bicarbonaat. Beide zijn onlosmakelijk verbonden met de bedevaartstochten en worden gegeten als versnapering bij de koffie. Bakker Erwin Cleners maakt ze nog steeds volgens het authentieke recept.

Nop and Pepernoot from Scherpenheuvel

The chewy biscuits called *noppen* and *pepernoten* are a regional specialty of the Scherpenheuvel area and are sold at stalls in the vicinity of the Basilica and in the local bakeries. Baker Erwin Cleners still makes them according to the authentic recipe. The rectangular-shaped *pepernoten* contain aniseed and potassium bitartrate. The round *noppen* are manually shaped rolls made from flour, sugar, honey and bicarbonate. Both pastries are inextricably bound up with today's pilgrimages and are served as gourmet accompaniments to a good cup of coffee.

Nop et pepernoot de Scherpenheuvel

Les *noppen* et *pepernoten* sont des gâteaux durs vendus sur les étals dans les environs de la basilique de Scherpenheuvel et dans les pâtisseries locales. Les *pepernoten* (nonnettes) sont longs et contiennent de l'anis et de la poudre de tartre. Les *noppen* (nopes) sont des boules rondes, formées à la main, à base de farine, de sucre, de miel et de bicarbonate. Les deux gâteaux sont indissociables des pèlerinages et sont dégustés en tant que douceurs accompagnant le café.

O

Oliebol

De oliebol is een bolvormige koek van vloeibaar gistdeeg die in olie wordt gebakken. De oliebollen, ook wel smoutebollen genoemd, worden op kermissen verkocht in smoutebollenkramen. De Belgische oliebollen worden in tegenstelling tot de Nederlandse variant niet gevuld met rozijnen, krenten of stukjes appel. De oorsprong van de oliebol zou teruggaan tot in de Middeleeuwen.

Dutch Doughnut

Soft and sweet, the ball-shaped doughnuts known in Belgium as *oliebollen* or *smoutebollen* are pastries made from liquid dough that has been left to rise and is then fried in hot oil. Street vendors sell these popular sweet foods on stalls at funfairs. Contrary to the Dutch variety, Belgian doughnut balls are not filled with raisins, currants or pieces of apple but they are just dusted with white powdered sugar. Some sources say that the origin of these tasty treats goes back as far as the Middle Ages; others believe that they were invented by Germanic tribes.

Croustillon

Le croustillon est un gâteau en boule de pâte levée liquide, frite dans l'huile. Les croustillons, aussi appelés parfois croustillons bruxellois, sont vendus sur des étals lors des kermesses. Contrairement aux croustillons néerlandais, les croustillons belges ne sont pas fourrés de raisins secs ou de morceaux de pommes. Les origines du croustillon remonteraient au Moyen-Âge.

Pagnon Borain

De pagnon borain is een blinkende, licht gekaramelliseerde, gesui-
kerde taart. Rond 1930 werd de taart gemaakt van brooddeeg, dat
bij de bakker werd gekocht. Vóór het bakken werden aan de bovenkant van de pagnon met de vinger gaatjes gedrukt en werd de taart
lichtjes met water besprenkeld zodat de suiker al een beetje kon
smelten. De pagnon werd op vrijdagmiddag of vrijdagavond gegeten ter vervanging van de dure vis. Tegenwoordig wordt de taart
met eieren en boter gemaakt.

Pagnon Borain Tart

Slightly caramelised, the sugary Pagnon Borain tart is a shiny feast for
the eyes and the palate. In the 1930's the tart was made from bread
dough, which was bought at the local bakery. Before it went into the
oven little finger-made holes were pressed into the top surface of
the Pagnon and the tart was delicately sprinkled with water so the
sugar could start melting. The Pagnon was consumed on Friday at
lunch time or in the evening as a substitute for the expensive fish.
Nowadays the Pagnon Borain tart is made with eggs and butter.

Pagnon borain

Le pagnon borain est une tarte brillante, légèrement caramélisée et
sucrée. Vers 1930, on réalise cette tarte en pâte à pain vendue chez
le boulanger. Avant la cuisson, on pressait des trous avec les doigts
au sommet des pagnons et on aspergeait légèrement la tarte d'eau
pour que le sucre commence déjà à fondre un peu. On mangeait
les pagnons le vendredi midi ou soir, pour remplacer le poisson trop
coûteux. Actuellement, la tarte est confectionnée avec des œufs et
du beurre.

Pannenkoek

Pannenkoeken, een populair item in tea-rooms en op dessertkaarten, zijn heel oud. Hoe oud precies, is moeilijk te bepalen. De Hollandse schilder Pieter Aertsen schilderde rond 1560 al pannenkoeken in zijn bekende keukentaferelen. Nog eerder, in 1393, werd in het boek *Le Ménagier de Paris* het recept voor *crespes* beschreven. Maar ook de Noord-Amerikaanse indianen maakten al pannenkoeken van maïsmeel op platte stenen die boven het vuur werden verhit.

Pancake

Pancakes, a popular entry on the list of desserts these days, have been around for many years. It is difficult to determine how old they are exactly, but the Dutch painter Pieter Aertsen was already painting pancakes in his well-known kitchen sceneries around 1560. Even before that, in 1393, the recipe for *crespes* was described in the book *Le Ménagier de Paris*. And even the North-American Indians were baking pancakes made from corn flour on flat stones which were heated above the fire.

Crêpe

Les crêpes telles qu'elles figurent souvent sur la carte des desserts aujourd'hui, sont très anciennes, mais leur âge exact est difficile à déterminer. Vers 1560, le peintre hollandais Pieter Aertsen représente déjà des crêpes sur ses célèbres tableaux figurant des scènes de cuisine. Plus tôt encore, en 1393, le livre *Le Ménagier de Paris* donne la recette des 'crespes'. Cela dit, les Indiens d'Amérique du Nord confectionnaient aussi des crêpes en farine de maïs, sur des pierres plates chauffées au-dessus d'un feu.

Pêche Melba

Het dessert Pêche Melba bestaat uit vanilleijs, frambozenpuree, verse perziken en geroosterde geschaafde amandelen. De Pêche Melba zou gecreëerd zijn als eerbetoon aan de Australische zangeres Nelly Melba (Helen Porter Mitchell). De Franse kok Auguste Escoffier, notoir Nelly Melba-fan, maakte het nagerecht voor het eerst klaar in 1893 in het Savoyhotel in Londen.

Peach Melba

The most famous of all peach dessert recipes, Peach Melba consists of vanilla ice cream, raspberry puree, fresh peaches and roasted almond flakes. This simple but scrumptious, fruity dessert combining two favourite summer fruits is said to have been created as a tribute to the Australian singer Nelly Melba (Helen Porter Mitchell). The legendary French chef Auguste Escoffier, a notorious Nelly Melba fan, prepared this dessert for the first time in 1893 at the Savoy hotel in London.

Pêche Melba

Le dessert nommé 'Pêche Melba' se compose de glace à la vanille, de purée de framboises, de pêches fraîches et d'amandes effilées grillées. La Pêche Melba aurait été créée en l'honneur de la chanteuse australienne Nelly Melba (Helen Porter Mitchell). Le cuisinier français Auguste Escoffier, fan notoire de Nelly Melba, confectionne le dessert pour la première fois en 1893, à l'hôtel Savoy de Londres.

Peperbol uit Kortrijk

Peperbollen zijn grote en kleine klompjes van een soort peperkoek met anijs en stukjes gekonfijt fruit. In de vorige eeuw werden de peperbollen als snoep te koop aangeboden in de kraampjes op de Sinksenfeesten (Pinksterenfeesten) in Kortrijk. Op pinkstermaandag wordt 's avonds een peperbollenworp georganiseerd op de markt.

Kortrijk Peperbol

The cube-shaped aromatic *peperbollen*, available in different sizes, are closely related to gingerbread. Enriched with aniseed and bits of candied fruit these gingerbread treats have a very original taste. At the end of the last century the Kortrijk *peperbollen* sweets were traditionally sold on the stalls during the *Sinksenfeesten* (Feast of Whitsun). These days, on Whit Monday a *peperbollen* throwing party is organised at night on the market square.

Peperbol de Courtrai

Les *peperbollen* sont de petites et grandes bouchées d'une sorte de pain d'épices, avec de l'anis et des morceaux de fruits confits. Au siècle dernier, les *peperbollen* étaient des friandises vendues aux étals lors des *Sinksenfeesten* (les fêtes de Pentecôte) à Courtrai. Le soir du lundi de Pentecôte, on organise un lancer de *peperbollen* au marché.

Peperkoek

Peperkoek is een zachte koek met de smaak van anijs, kaneel en nog een paar andere kruiden. De bereiding van peperkoek is erg arbeidsintensief omdat het deeg taai is en lange rusttijden nodig heeft. Om die reden werd de productie van dit gebak al snel overgenomen door de industrie.

In de tijd van Breughel werd deze koek vooral gegeten op oudejaarsavond. De naam 'peperkoek' is eerder misleidend, want er zit geen peper in dit gebak. Maar vroeger was 'peper' de algemene benaming voor allerlei exotische specerijen. Eigenlijk dekt de Franse benaming 'pain d'épice' de lading beter.

Gingerbread

This soft cake enriched with aniseed, cinnamon and a few other spices has definitely edged its way back onto the present-day breakfast table. As the dough is heavy and needs to be left for quite a long time to rest, producing gingerbread requires a lot of work. Hence the production of this pastry was soon taken over by the industrial manufacturers.

In the 16th century, at the time when Breughel was creating his paintings which were often inspired by food and drink, this cake was eaten primarily on New Year's Eve. The Flemish name *peperkoek* – literally 'pepper cake' – is rather deceiving, as there is no pepper in it at all; in bygone days though 'pepper' was the general term for all kinds of exotic spices. In this respect the French term *pain d'épice*, meaning 'spicy bread', is a far more adequate description.

Pain d'épices

Le pain d'épices est un gâteau moelleux parfumé à l'anis, à la cannelle ainsi qu'à d'autres épices. La préparation du pain d'épices demande beaucoup de travail, car sa pâte est dure et demande un long temps de pause. C'est pourquoi l'industrie s'est vite emparée de cette pâtisserie pour la produire en masse.

A l'époque de Breughel, ce gâteau était surtout savouré lors du réveillon de l'an. En néerlandais, le nom de *peperkoek* est assez déroutant, car *peper* signifie poivre et il n'y en a pas dans la préparation. Mais à l'époque, on appelait 'poivre' toutes les épices un tant soit peu exotiques. En fait, l'appellation de 'pain d'épices' convient mieux.

Perentaart uit Avelgem

Perentaart uit Avelgem is een winters product gemaakt met vetdeeg (een soort zanddeeg) en op smaak gebrachte perenmoes. De taart wordt afgewerkt met linten vetdeeg die zijn ingestreken met losgeklopt ei en koffie-extract en geglaceerd met perengelei. De oorsprong van de taart is onbekend. Wel staat vast wel dat de ooms van Frank Lateur (Stijn Streuvels) in 1860 al Avelgemse perentaarten maakten in hun bakkerij in de Doornikstraat 12. In 1961, bij de 90ste verjaardag van Stijn Streuvels, kwam de bekende perentaart ook op tafel.

Avelgem Pear Tart

Avelgem pear tart is a wintry product made from shortbread pastry and delicately spiced pear sauce, topped with ribbons of shortbread pastry which have been covered in beaten eggs and coffee extract, and glazed with pear jelly. The origin of the tart is unknown, but it has been firmly established that the uncles of the Flemish writer Frank Lateur (Stijn Streuvels) were already making Avelgem pear tarts in their bakery in the Doornikstraat 12 in 1860. In 1961, on the occasion of Stijn Streuvels's 90th birthday, this renowned pear tart was also served.

Tarte aux poires d'Avelgem

La tarte aux poires d'Avelgem est un produit hivernal réalisé avec de la pâte grasse (une sorte de pâte sablée) aromatisée de compote de poires et garnie en son sommet de croisillons de pâte grasse enduits d'œuf battu et d'extrait de café, puis glacée à la gelée de poires. On ignore l'origine de la tarte. Cela dit, il est établi qu'en 1860, les oncles de Frank Lateur (Stijn Streuvels) confectionnaient déjà la tarte aux poires d'Avelgem dans leur boulangerie, Doornikstraat 12. Pour le 90e anniversaire de Stijn Streuvels, en 1961, on a servi la célèbre tarte aux poires.

Poepke

Poepkes zijn rode snoepjes in de vorm van een halve kers of – naargelang van de verbeeldingskracht – blote billen. Ze zijn gemaakt van harde gom met kersensmaak. Poepkes waren de eerste fruitsnoepjes die op de markt werden gebracht.

Poepke

Some people will say they are shaped in the form of half a cherry, others see the shape of a little bum (it all depends upon your imagination!). The bright red sweets known as *poepkes*, made of hard gum with a delicious cherry flavour, are certainly on the list of favourites of any sweet tooth in Belgium. These little moreish treats were the first fruit-flavoured sweets to be introduced to the market.

Poepke

Les poepkes sont des friandises rouges dont la forme évoque, selon l'imagination du consommateur, une demi-cerise ou une paire de fesses. Les poepkes se composent de gomme dure au goût de cerise. Il s'agit des premières sucreries à la saveur de fruits proposées dans le commerce.

Pomme d'Amour

De pomme d'amour is een appel op een stokje, omhuld met een dunne, glanzende suikerlaag. De appel wordt eerst op het stokje gestoken en daarna gedraaid in een ingekookt mengsel of een stroop van suiker, glucosesuiker, water, azijn en kleurstof, dat men daarna laat afkoelen zodat er een harde laag wordt gevormd. De pomme d'amour wordt verkocht op kermissen. In Lier is deze appel bekend onder de naam 'kak van Maria'.

Pomme d'Amour

An ideal Valentine's gift, the Pomme d'Amour (literally meaning 'love apple'), is an apple on a stick, coated in a thin, shiny layer of sugar glazing. A stick is inserted into the blossom end of the apple, which is whirled into a boiled down mixture of treacle made from sugar, glucose sugar, water, vinegar and colouring until the mixture covers the apple smoothly. The apples are then placed on a tray or a plate to cool and harden. Glazed apples on a stick are mainly sold at funfairs. In the local dialect of the town of Lier, the pomme d'amour is referred to as *kak van Maria*.

Pomme d'Amour

La pomme d'amour est une pomme au bout d'un bâtonnet, enrobée d'une fine couche de sucre brillant. On pique la pomme sur le bâtonnet et on la tourne dans un mélange – réduit à la cuisson – de sirop de sucre, de glucose, d'eau, de vinaigre et de colorant, qu'on laisse refroidir de manière à ce qu'il se forme une couche dure. On trouve des pommes d'amour lors des foires. A Lierre (Lier), cette pomme porte le nom de *kak van Maria*.

Praline

Wij Belgen noemen het 'praline', de Fransen hebben het over *bonbon au chocolat* en de Zwitsers praten over *bouchée au chocolat*. De eerste schrijfwijze van het woord 'pralsne' dateert uit de 17de eeuw. De maarschalk Plessis Praslin, die er zijn naam aan gaf, kwam als eerste op het idee om amandelen in kokende suiker te bakken. De praline zoals wij die vandaag kennen, met verschillende vullingen en een omhulsel van chocolade, werd pas in 1912 uitgevonden door de Belg met Zwitserse roots, suikerbakker en chocolatier Jean Neuhaus.

Praline

The Belgians call it 'praline', while the French talk about *bonbon au chocolat* and the Swiss refer to it as *bouchée au chocolat*. The very first spelling of the word *pralsine* dates from the 17th century and is derived from the Duke of Plessis-Praslin (1589-1675), whose cook invented a method for coating whole almonds in boiled, grained sugar. The praline as we know it today, with its different fillings and chocolate covering, was only invented in 1912 by the sugar and chocolate confectioner Jean Neuhaus, a Belgian with Swiss roots.

Praline

Les Belges l'appellent 'praline', les Français parlent de 'bonbon au chocolat' et les Suisses de 'bouchée au chocolat'. La première orthographe du mot, 'prasline', date du 17e siècle. Le maréchal Plessis Praslin, qui donne son nom à la friandise, est le premier à avoir l'idée de faire cuire des amandes dans du sucre bouillant. La praline telle que nous la connaissons aujourd'hui, fourrée de différents ingrédients et enrobée de chocolat, n'a été inventée qu'en 1912, par un Belge aux racines suisses, confiseur et chocolatier de son état, Jean Neuhaus.

Progrèstaart

De Progrèstaart is een ronde taart op basis van laagjes meringue en slagroom en bestaat in verschillende variaties: natuur, aardbei, tiramisu, advocaat of chocolade-praliné. De taart is vooral bekend in de streek van Roeselare (Rumbeke) in West-Vlaanderen. Progrèstaarten worden ook vaak gemaakt met hazelnootschuim.

Progrès Cake

An artisan-made pastry delicacy, the round-shaped Progrès cake consists of several layers of crusty meringue sponge with a delicious filling of fluffy whipped cream. The cake comes in various flavours: natural, strawberry, tiramisu, egg liquor or chocolate-praline. This delightful pastry is especially popular in the area of Roeselare in West-Flanders. Progrès cakes are quite often also made with hazelnut meringue.

Tarte Progrès

La tarte Progrès est une tarte ronde composée de couches de meringue et de crème fraîche. Il en existe plusieurs variantes : nature, fraise, tiramisu, avocat ou chocolat-praliné. La tarte est surtout réputée dans la région de Roulers (Rumbeke), en Flandre-Occidentale. Les tartes Progrès sont aussi souvent fabriquées avec de la mousse de noisettes.

Rabarbertaart

Rabarbertaart combineert de zure smaak van rabarber met het zoete van de taartbodem en de banketbakkersroom. Rabarber is van Russische oorsprong en groeit er al eeuwen in het wild. Van daaruit vertrok de stengelvrucht zo'n 5.000 jaar geleden naar China, waar hij als medicijn en laxeermiddel werd gebruikt. Rabarber dankt zijn naam aan de Grieken en de Romeinen. Het woord is samengesteld uit *Rha*, Grieks voor de rivier de Wolga, en *barbarum*, Latijns (en ook Grieks) voor 'vreemd', 'onbegrijpbaar'. Het is pas vanaf de 18de eeuw dat rabarberstelen de Europese moestuinen begonnen te veroveren.

Rhubarb Tart

A tantalizing combination of the sour taste of rhubarb and the sweet taste of the tart base and the pastry cream – that is what rhubarb tart is all about. The origin of rhubarb is to be found in Russia, where it has been growing in the wild for centuries. About 5000 years ago this stem and stalk plant embarked upon a journey from Russia to China, where it was used as a medicine and laxative. The ancient Greeks and Romans are the ones who gave rhubarb its name, as the word is a derivational compound of *Rha*, Greek for the Volga river, and *barbarum*, Latin (and also Greek) for 'strange', 'incomprehensible'. The vibrantly coloured rhubarb stalks only managed to conquer the European vegetable gardens in the 18th century.

Tarte à la rhubarbe

La tarte à la rhubarbe associe l'acidité de la rhubarbe à la douceur du fond de tarte et de la crème pâtissière. La rhubarbe est d'origine russe et croît depuis des siècles en milieu sauvage. De là, ce fruit à tiges migre, il y a quelque 5.000 ans, vers la Chine, où on l'utilise comme médicament et comme laxatif. La rhubarbe doit son nom aux Grecs et aux Romains. Le mot se compose de *Rha*, le terme grec désignant le fleuve Volga, et de *barbarum*, mot latin (et grec) pour étrange, incompréhensible. Ce n'est qu'à partir du 18e siècle que les tiges de rhubarbe conquièrent les potagers européens.

Reynaertgebak

Ter gelegenheid van het Reynaertspel, dat in 1973 in Sint-Niklaas werd gehouden, ontwierpen de bakkers uit Sint-Niklaas een gebak met amandelen, eieren, suiker, bloem, marsepein, ananas en Grand Marnier. De naam van het gebak verwijst naar de vos Reynaert, de hoofdfiguur uit het bekende middeleeuwse dierenverhaal en een volksfiguur uit het Waasland. De taart is een gemoderniseerde versie van de *gâteau de Sint-Nicolas*, een specialiteit uit Sint-Niklaas die al in 1800 ontstond, maar in de vergetelheid was geraakt.

Reynard Sponge

In 1973 the Reynard open-air theatre play was performed for the first time in Sint-Niklaas on the Market Square and for this occasion the local bakers invented a sponge cake made from almonds, eggs, sugar, flour, marzipan, pineapple and Grand Marnier. The name of the sponge cake and indeed the play itself refers to Reynard the Fox, the main character from the well-known medieval epic animal tale and a popular figure from the Waasland (Flemish region, part of East Flanders and Antwerp, characterized by its soggy soil). This delicious gourmet sponge is a modern version of the *gâteau de Sint-Nicolas*, a specialty from Sint-Niklaas which was manufactured in 1800, but had then sunk into oblivion.

Gâteau Reynaert

En 1973, à l'occasion de la représentation du Roman de Renart à Saint-Nicolas, les boulangers de la ville ont créé une pâtisserie à base d'amandes, d'œufs, de sucre, de farine, de massepain, d'ananas et de Grand Marnier. Le nom de la pâtisserie est emprunté à Renart le goupil, personnage principal de la célèbre satire animalière du Moyen-Âge et figure populaire du Waasland. La tarte est une version modernisée des 'gâteaux de Saint-Nicolas', une spécialité de Saint-Nicolas qui existait depuis 1800 mais était tombée dans l'oubli.

Rijstvlaai

Rijstvlaaien komen in heel België voor en worden gemaakt van gekookte rijst, melk, suiker en eieren. In Verviers worden ook nog macarons aan het beslag toegevoegd en heet de taart voluit *tarte au riz et macarons*. De ronde taart heeft een getijgerde oppervlakte en wordt verkocht zonder extra versieringen. De taarten zijn bekend geworden dankzij Pieter Breughel, die ze in zijn schilderijen afbeeldde. Vroeger werd rijstvlaai vaak gegeten door Belgische wielrenners als krachtvoedsel tijdens een wielerwedstrijd.

Rice Tart

Available throughout the country, Belgian rice tarts are made from boiled rice, milk, sugar and eggs. In Verviers *macarons* are added to the batter; hence its name *Tarte au riz et macarons*. The round-shaped tart has a tiger-striped surface and is sold without any extra decorations. Once again it was the 16th century Flemish painter Pieter Breughel who promoted these tarts all over the world by depicting them in his paintings. The scrumptious rice tarts used to be eaten quite often by Belgian cyclists as power food during a bicycle race.

Tarte au riz

En Belgique, on trouve des tartes au riz partout. Elles sont fabriquées à base de riz cuit, de lait, de sucre et d'œufs. A Verviers, on ajoute des macarons à la pâte et l'on désigne cette pâtisserie du nom de 'tarte au riz et macarons'. La tarte ronde a une surface mouchetée et est vendue sans autres décorations. Ces tartes doivent leur notoriété à Pieter Bruegel, qui les représente sur ses tableaux. Dans le temps, les cyclistes belges mangeaient beaucoup de tarte au riz pour prendre des forces et vue des courses.

Roggeverdommeke

Een roggeverdommeke is een bruin roggebrood met veel krenten die voor een zoete smaak zorgen. Vroeger was dit het koekenbrood van de armen. Roggebloem en krenten waren namelijk goedkoper dan witte tarwebloem en rozijnen. Het broodje komt in verscheidene regio's voor en heeft verschillende klinkende namen zoals o.a. 'potverdoemmeke' of 'podommeke'.

Rye Bread with Currants

This sweet-tasting bread is available in many regions and it is referred to with a variety of ringing names such as *roggeverdommeke*, *potverdoemmeke* or *podommeke*. The brown rye bread, filled with lots of currants to give it a sweet taste, used to be the sweet bread of the poor people as rye flour and currants were cheaper than white wheat flour and raisins.

Roggeverdommeke

Le roggeverdommeke est un petit pain de seigle gris contenant de nombreux raisins secs qui lui donnent sa saveur sucrée. Dans le temps, il s'agissait du pain brioché des pauvres, car la farine de seigle et les petits raisins secs étaient moins chers que la farine de froment blanche et les gros raisins secs. On trouve le petit pain dans différentes régions sous différentes appellations typiques, du genre *potverdoemmeke* ou *podommeke*.

Rum baba

De rum baba is een savarin – een droge, ringvormige koek – die wordt ondergedompeld in rum en siroop. De baba wordt afgewerkt met slagroom en wat vruchten. De koek werd door de bakker Nicolas Stohrer voor het eerst geserveerd voor Stanislas Leszcynski, de Poolse koning en schoonvader van Lodewijk XV. Hij verbeterde de droge savarin met malagawijn, saffraan, banketbakkersroom en gedroogde en verse druiven. Later vestigde Stohrer zich in Parijs in de *rue Montorgueil* en evolueerde de baba tot de versie die we nu kennen.

Rum Baba

The succulent rum baba is a savarin – a dry yeast cake, bearing some resemblance to sweet bread, baked in a ring-shaped mould – which is soaked in rum and syrup and finished off with chilled whipped cream and some fruit. The original savarin was served for the first time in the 18th century by the baker Nicolas Stohrer to the Polish king and father-in-law of Louis XV, Stanislas Leszcynski. He soon improved the dry savarin by adding Malaga wine, saffron, pastry cream, dried raisins and fresh grapes. Later on Stohrer established himself in the rue Montorgueil in Paris and the baba evolved into the version that we know today.

Baba au rhum

Le baba au rhum est un savarin – un gâteau sec en forme de cercle – trempé dans le rhum et le sirop. Le baba est décoré de crème fraîche et de quelques fruits. Le pâtissier Nicolas Stohrer a servi ce gâteau pour la première fois au roi polonais Stanislas Ier Leszczynski, beau-père de Louis XV. Stohrer améliore le savarin sec de vin de Malaga, de safran, de crème pâtissière et de raisins frais séchés. Plus tard, Stohrer s'établit à Paris, rue Montorgueil, et le baba évolue jusqu'à la version que nous connaissons actuellement.

Saint-Honoré

De Saint-Honoré, genoemd naar de patroonheilige van de bakkers, bestaat uit een bladerdeegbodem omringd met soesjes die gevuld zijn met banketbakkersroom en overgoten met fondantchocolade. Het geheel wordt afgewerkt met slagroom en fruit.

De 19de-eeuwse Parijse bakker Chiboust uit de *rue Saint-Honoré* kan worden beschouwd als de uitvinder van de Saint-Honoré. Hij creëerde het gebak op basis van de Zwitserse eierflan. Oorspronkelijk vulde hij de soesjes met de naar zichzelf genoemde Chiboust-crème, een mengsel van banketbakkersroom en meringue. De Saint-Honoré mag tot de klassiekers van het banketgebak gerekend worden.

Saint Honoré

Named after the patron saint of bakers and pastry chefs (Honorius, bishop of Amiens), the gloriously indulgent Gâteau Saint Honoré is a classic dessert featuring in many dessert books. It consists of a puff pastry base with cream choux buns arranged around the edge and it is covered in dark chocolate. As a finishing touch this fabulous pastry is decorated with whipped cream and fruit.

The 19th century Parisian baker Chiboust from the rue Saint-Honoré can be regarded as the inventor of the Gâteau Saint Honoré, using the recipe for Swiss egg flan as the basis for this spectacular delicacy. Originally he filled the choux buns with a pastry cream named after him, i.e. the Chiboust cream, a mixture of pastry cream and meringue.

Saint-Honoré

Le Saint-Honoré, ainsi nommé d'après le saint patron des pâtissiers, se compose d'un fond en pâte feuilletée entouré de choux à la crème pâtissière et nappé de chocolat fondant. En guise de finition, le gâteau est orné de crème fraîche et de fruits.

On considère qu'au 19e siècle, le pâtissier parisien Chiboust, rue Saint-Honoré, est l'inventeur du Saint-Honoré. Il crée la pâtisserie sur base du flan aux œufs suisse. Au départ, Chiboust remplit les choux d'une crème à laquelle il donne son nom, crème Chiboust : un mélange de crème pâtissière et de meringue. Le Saint-Honoré figure parmi les classiques de la pâtisserie.

Schietspoel uit Hansbeke of appelflap

De schietspoel is een soort van appelflap of appelgosette. De naam verwijst naar de huisnijverheid van het weven. De flap is gevuld met appelmoes en krenten en wordt dubbel geplooid. Op de oktoberkermis ging vroeger een stoet uit waarbij schietspoelen werden uitgedeeld en/of verkocht.

Hansbeke Schietspoel or Apple Turnover

The lovely apple turnovers from Hansbeke are locally known as *schietspoelen* (shuttles) and their name refers to the domestic weaving industry. The turnover puff pastry is filled with succulent apple sauce and currants and folded over double. In the old days a parade used to be organised during the October funfair and the apple turnovers would be handed out for free and/or sold.

Navette de Hansbeke ou gosette

La navette est une sorte de chausson aux pommes ou de gosette aux pommes. Le nom renvoie à l'artisanat domestique du tissage. Le chausson est fourré de compote de pommes et de raisins secs, et plié en deux. Dans le temps, lors de la kermesse d'octobre, l'on distribuait et/ou vendait des navettes dans le cortège.

Sint-Maartenkoek

11 november is het feest van Sint-Maarten en op die dag is er geen feest zonder koek. De Sint-Maartenkoek bevat dezelfde ingrediënten als koekenbrood, maar is gevormd naar een menselijk figuur. De Sint-Maartenkoek is vooral te vinden in dorpen waar Sint-Maarten als parochieheilige in de kerken wordt gevierd.

Saint Martin Sweet Bread

Saint Martin's name day on 11th November is celebrated to this day by Catholics and Protestants alike and the traditional sweet breads are an important ingredient of the festivities. Saint Martin sweet breads contain the same ingredients as ordinary sweet bread, but they are made in the shape of a human figure. Saint Martin sweet breads can be found especially in villages where Saint Martin is celebrated as a parochial saint in the churches.

Saint-Martin brioché

Le 11 novembre, on célèbre la Saint-Martin. Ce jour-là, il n'y a pas de fête sans gâteau. Cette friandise contient les mêmes ingrédients que le pain brioché, mais est façonné et silhouette humaine. Le Saint-Martin brioché se trouve surtout dans les villages où Saint-Martin est célébré dans les églises en tant que saint paroissial.

Soes

Soezen zijn luchtige, holle gebakjes die via een klein gaatje onderaan worden gevuld met banketbakkersroom, slagroom of boterroom. De soezen worden met een laagje chocolade of met suiker afgewerkt. De soes werd in 1665 in Frankrijk uitgevonden door Popelini, de kok van koningin Catherine de Medici. Een bekende variant op de soes is het zwaantje, dat gevuld wordt met slagroom en fruit.

Choux Pastry

Light and airy, the wonderfully versatile choux pastries have a crisp shell with a moist lining and a hollow centre. They are filled through a little hole at the bottom with pastry cream, whipped cream or butter cream and are finished off with a layer of velvety chocolate or dusted with sugar. Choux pastry was invented in 1665 in France by Popelini, Queen Catherine de Medici's chef. A well-known variety of choux pastry is the beautiful and delicate swan-shaped choux pastry, which is filled with whipped cream and fruit.

Chou

Les choux sont des pâtisseries légères et creuses fourrées, par un petit trou à la base de la boule, de crème pâtissière, de crème fraîche ou de beurre. En guise de finition, les choux sont nappés d'une couche de chocolat ou de sucre. Popelini, le cuisinier de la reine Catherine de Médicis, invente le chou en France en 1665. Variante réputée du chou, le cygne est fourré de crème fraîche et de fruits.

Soldatenkoek uit Kampen

De voorloper van de Kampse soldatenkoek was de piottenbol, een droge ronde rozijnenkoek die in 1929 0,50 frank kostte, twintig centiemen meer dan het toenmalige soldij. Bij de oprichting van het VVV kantoor (toeristische dienst) in 1985 werd een wedstrijd uitgeschreven om de Kampse soldatenkoek in een nieuw kleedje te stoppen. Het resultaat was de nieuwe Kampse soldatenkoek: een zandkoekje met kokos.

Kampen Soldatenkoek

The predecessor of the Kampen soldatenkoek was the *piottenbol*, a dry round-shaped raisin pastry which cost 0,50 Belgian Francs in 1929, twenty centimes more than a soldier's pay in those days. When the local tourist office was founded in 1985, a competition was organised to dress up the traditional *soldatenkoek* and it resulted in a refurbished version of the old pastry, which is now a coconut shortbread biscuit.

Soldatenkoek de Kampen

Le précurseur du *soldatenkoek* était la galette du pioupiou, un gâteau rond et sec aux raisins qui, en 1929, coûtait 0,50 franc, soit vingt centimes de plus que la solde de l'époque. Lors de la fondation de l'office du tourisme en 1985, on a lancé un concours afin de relooker le soldatenkoek de Kampen. Résultat : un nouveau *soldatenkoek*, un sablé à la noix de coco.

Spantôle

Deze koekjes ontlenen hun naam aan La Spantôle, een kanon dat in de *rue Alphonse-Liégeois* in Thuin staat en in 1654 door de inwoners van Thuin werd buitgemaakt op de troepen van Condée, toen in dienst van de Spaanse koning. Volgens andere bronnen is het woord een verbastering van het Spaanse *espantoso*, wat 'angstaanjagend' betekent.

Spantôle

A specialty from the province of Hainaut, these delicious chocolate biscuits are said to have derived their name from *La Spantôle*, a gun located in the Rue Alphonse-Liegeois in Thuin. The inhabitants of Thuin managed to capture the gun in 1654 from the army of Condée which was in the service of the Spanish king. Another theory is that *spantôle* is a degeneration of the Spanish word *espantoso*, meaning 'frightening'.

Spantôle

Il s'agit de biscuits nommés d'après 'la Spantôle', un canon qui se trouve rue Alphonse-Liégeois. En 1654, les habitants de cette rue le conquièrent sur les troupes du grand Condé, qui étaient au service du roi d'Espagne. L'autre explication de la spantôle est que le mot serait une déformation de l'espagnol *espantoso*, qui signifie 'effrayant'.

Speculaas

Speculaas is een krakend kruidenkoekje op basis van nootmuskaat, peper, anijs, kaneel, kardemom, korianderzaad en kruidnagel, dat vroeger vooral verkrijgbaar was tijdens de periode rond 6 december (Sint-Nicolaas). Nu is het gemeengoed het hele jaar door. Over de oorsprong van de naam bestaat heel wat onduidelijkheid. Volgens sommigen komt de benaming 'speculaas' van het Latijnse *speculum*, wat spiegel betekent, omdat de koek het spiegelbeeld is van de houten plank waarin hij werd gevormd. Anderen beweren dat het woord afgeleid is van het Latijnse *speculator*, wat bisschop betekent, want vaak wordt de bisschop Sint-Nicolaas afgebeeld. Het recept stamt waarschijnlijk uit de Middeleeuwen.

Speculaas

Speculaas is a crunchy, caramelised biscuit made with a spice blend of nutmeg, pepper, aniseed, cinnamon, cardamom, coriander seed and clove. The heyday for sharing caramelised biscuits used to be Saint Nicholas day (6th December), but these days they are part of the daily diet. There is a lot of uncertainty about the origin of the name. According to some sources the name speculaas is derived from the Latin *speculum*, meaning 'mirror', because the biscuit mirrors the wooden board in which it was moulded. Others claim that the word is derived from the Latin *speculator*, meaning 'bishop', because the bishop Saint Nicholas is often depicted. The original recipe is believed to date back to the Middle Ages.

Spéculos

Le spéculos est un biscuit croustillant aux épices, à base de noix muscade, de poivre, d'anis, de cannelle, de cardamome, de grains de coriandre et de clou de girofle. A l'époque, il était surtout répandu autour du 6 décembre, date de la Saint-Nicolas. Actuellement, l'on en trouve toute l'année. L'origine du nom est très peu claire. Selon certains, l'appellation 'spéculos' serait dérivée du latin *speculum*, qui signifie miroir, car le biscuit est l'image inversée de la planche en bois sur laquelle il est formé. D'autres affirment que le mot vient du latin *speculator*, qui veut dire évêque, car souvent, c'est l'évêque Saint-Nicolas qui figure sur le biscuit. Quant à la recette, elle date probablement du Moyen-Âge.

Spiegeltje

Spiegeltjes zijn koekjes gemaakt van zanddeeg en frangipane. De glazuurlaag met confituur bovenop het koekje gaf de naam aan het spiegeltje. Het koekje wordt gegeten bij een kopje koffie of thee en maakt deel uit van het vaste assortiment dessertkoekjes van vele bakkers.

Spiegeltje

The palatable biscuits made from shortbread pastry, combined with frangipane, have derived their name (*spiegeltjes*, meaning 'little mirrors') from the layer of icing with jam that they are topped with. These gourmet biscuits are traditionally served with a cup of coffee or tea and many bakers have included them in their standard assortment of dessert biscuits.

Miroir

Les miroirs sont des biscuits confectionnés à base de pâte sablée, avec de la frangipane. Le gâteau doit son nom de miroir à la couche de glaçage à la confiture qui le couvre. Ce biscuit accompagne le café ou le thé et fait partie de l'assortiment fixe des biscuits à dessert de nombreux pâtissiers.

Spletluk of stroopwafel

Spletlukken zijn dunne, platte wafeltjes, naargelang de streek van oorsprong gevuld met een wit of bruin boter-suikermengsel of honing. De naam 'spletlukken' verwijst naar het 'spletten' of splijten van de wafeltjes om ze te vullen. Het stukje gistdeeg wordt tussen twee hete platen gebakken. Wanneer de platen van elkaar worden gehaald, blaast het wafeltje zichzelf op en kan het gemakkelijk opengesneden worden. Na het afkoelen wordt het wafeltje gevuld.

Spletluk or Treacle Waffle

Traditionally served with jenever or coffee, *spletlukken* are thin, flat waffles which are filled with a white or brown butter-sugar mixture, or with honey, depending on the region where they are produced. The name *spletlukken* refers to the *spletten* or splitting of the waffles before they are filled. A scoop of yeast dough is baked between two hot plates. When the plates are taken apart, the waffle blows itself up and can easily be cut open. After it has cooled down the crispy gourmet waffle is filled and ready to be enjoyed.

Spletluk ou gaufrette à la mélasse

Les *spletlukken* sont des gaufres fines et plates, fourrées, selon leur région d'origine, d'un mélange beurre-sucre blanc ou brun, ou de miel. Le nom *spletlukken* fait référence à l'action de *spletten*, de fendre les gaufrettes pour les fourrer. On fait cuire le morceau de pâte levée entre deux plaques chaudes. Quand on sépare ces plaques, la gaufrette se gonfle toute seule et se laisse facilement couper et deux comme une poche. Une fois refroidie, la gaufrette est fourrée.

Stroop

Stroop wordt gemaakt van ingedikt, geconcentreerd sap van appels, peren en suikerbieten. Varianten op deze gemengde stroop zijn appel- en perenstroop. Grote hoeveelheden fruit worden gekookt en geperst om de kleine potjes met stroop te vullen. Vroeger werd het fruit door de boeren met de hand geperst en werd de stroop op ambachtelijke wijze in koperen ketels gekookt, maar sinds het begin van de vorige eeuw werd de productie ervan geïndustrialiseerd. In België zijn de Loonse (Limburgse) en de Luikse stroop de bekendste. Stroop wordt vaak als broodbeleg gebruikt of aan gerechten als fruitige toets toegevoegd. Op een koele en droge plek is ze erg lang houdbaar.

Syrup

Traditionally syrup is made from reduced, concentrated juice of apples, pears and sugar beets. Two popular varieties on this mixed syrup are apple and pear syrup. Huge amounts of fruit are cooked and pressed to fill the little syrup containers. History teaches us that as early as the 17th century, many farmers had a copper boiler and a press which they used to make syrup. The first signs of the industrialisation of syrup-making started to appear around 1880-1890. Loon (Limburg) syrup and Liège syrup are the most famous brands in Belgium. The syrup has many uses: a spread on toast or bread, combined with cheese or incorporated in contemporary dishes. When being stored in a cool and dry environment, syrup has a very long shelf life (up to 3 years).

Sirop

Le sirop est fabriqué à base de jus épais et concentré de pommes, de poires et de betteraves sucrières. Les sirops de pommes ou de poires uniquement constituent des variantes de ce sirop à plusieurs ingrédients. On fait cuire et on presse de grandes quantités de fruits pour remplir les petits pots de sirop. Dans le temps, les paysans faisaient cuire artisanalement le sirop dans des chaudrons en cuivre et pressaient les fruits à la main. Depuis le début du siècle dernier, la production s'est industrialisée. En Belgique, les plus connus sont le sirop de Loon (Limbourg) et le sirop de Liège. On utilise souvent le sirop pour l'étaler sur le pain ou on l'ajoute à certains plats en guise de note fruitée. Rangé au frais et au sec, il se conserve très longtemps.

Studentenhaver

Een leuke naam voor grote pastilles van witte, fondant of melkchocolade belegd met noten en rozijnen. De naam 'studentenhaver' komt uit Nederland, waar ze slaat op een mengeling van verschillende soorten noten, krenten en rozijnen. Noten worden in de volkscultuur als geheugenstimulerend voedsel beschouwd, iets wat studenten tijdens de examens kunnen gebruiken. Bij ons is studentenhaver uitgegroeid tot een versnapering bij de koffie en wordt ze als praline verkocht.

Student Mix

A tasty treat based on dark, milk or white chocolate, scattered with nuts and raisins, the student mix is known in Flemish as *studentenhaver* (student food). Its name originated in the Netherlands, where it refers to a loose mixture of nuts (typically walnuts, cashew nuts, Brazil nuts, hazelnuts and almonds), currants and raisins. Allegedly having academic performance benefits, this high-energy snack remains very popular amongst the students during the exam period. In Belgium it has managed to establish its place on the list of gourmet chocolates and is often served with a cup of coffee.

Quatre mendiants

Les quatre mendiants se présentent sous la forme d'une rondelle de chocolat avec des noix et des raisins secs. Le nom de *studentenhaver* vient des Pays-Bas, où le produit se compose de différentes noix, de grands et de petits raisins secs. Dans la culture populaire, les noix sont considérées comme une nourriture du cerveau, fort utile aux étudiants en période d'examens. En Belgique, ce *studentenhaver* a évolué jusqu'à devenir une friandise accompagnant le café, qui se vend comme une praline.

Suikerbrood

Suikerbrood of craquelin is een zacht luxebrood met ingebakken parelsuiker. Hoewel de naam craquelin al in de 16de eeuw bekend was, had dit niets te maken met het suikerbrood dat we nu kennen. De craquelin was toen nog een soort taart. Het verwerken van grove kristalsuiker of parelsuiker in koekenbrood dateert van rond de vorige eeuwwisseling.

Sugar Loaf

Known in Belgium as *suikerbrood* or *craquelin*, the sugar loaf is a soft luxury bread with sugar pearls baked inside it. Although the name *craquelin* dates back to the 16th century, it was not related at all to the sugar loaf as we know it today. In those days the *craquelin* was a kind of tart. Processing coarse grained sugar or pearl sugar into sweet bread dates back to the turn of the previous century.

Pain au sucre

Le pain au sucre ou craquelin est un pain fantaisie tendre qui contient du sucre perlé. Si le nom de 'craquelin' était déjà connu au 16e siècle, la pâtisserie de l'époque n'avait rien à voir avec le pain au sucre actuel. A l'époque, le craquelin était encore une sorte de tarte. L'incorporation de sucre cristallisé brut ou de sucre perlé dans la pâte briochée date environ d'avant le tournant du siècle.

Suikertaart

De suikertaart is een heel eenvoudig gebak op basis van bloem, boter, suiker en eieren. Het resultaat is een goudgele, platte taart die zowel warm als koud kan worden geserveerd. Zeven eeuwen geleden bepaalden oude banketbakkersvoorschriften dat een vrouw die niet van de stiel was geen suikertaarten mocht bakken, noch taarten mocht afleveren op bestelling.

Sugar Cake

All you need to make this amazingly simple but tasty sugar cake is flour, butter, sugar and eggs. The result is a golden yellow, flat cake which can be served cold or warm. Seven centuries ago ancient pastry cook regulations stipulated that any woman who was not a professional pastry cook, was not allowed to bake sugar cakes, nor to deliver cakes made to order.

Tarte au sucre

La tarte au sucre est une pâtisserie très simple à base de farine, de beurre, de sucre et d'œufs. Résultat : une tarte dorée, plate, que l'on peut servir chaude ou froide. Il y a sept siècles, d'anciennes prescriptions pâtissières prônent qu'il est interdit à une femme qui n'est pas du métier de faire cuire des tartes au sucre ou de livrer celles qui sont commandées.

Tarte à la Condeuve

De tarte à la Condeuve is een typische taart uit de mijnstreek (Borinage). De basisingrediënten van het recept zijn witte kaas, suiker, amandelpoeder en geklopt eiwit. Het resultaat is een soort pannenkoekenbeslag dat men afbakt en dan versiert met fruit van het seizoen: kersen, bessen, rabarber, appels en peren.

Tarte à la Condeuve

The gourmet tarte à la Condeuve is a typical pastry from the coal-mining district of the Borinage (an industrial region in the Belgian province of Hainaut, surrounding Mons and extending to the French border). The recipe is based on fromage blanc, sugar, almond powder and whisked egg whites. The result is a type of pancake batter which is baked and then decorated with seasonal fruits such as cherries, berries, rhubarb, apples and pears.

Tarte à la Condeuve

La tarte à la Condeuve est une tarte typique de la région minière (Borinage). A la base de la recette, du fromage blanc, du sucre, des amandes en poudre et un blanc d'œuf battu. Le résultat est une sorte de pâte à crêpes que l'on cuit, puis que l'on garnit de fruits de saison : cerises, baies, rhubarbe, pommes et poires.

Tarte aux corins

De tarte aux corins is ook wel bekend onder de naam Linzertaart, een taart in zanddeeg bedekt met een laagje frangipane en daarop pruimenmoes. Conrad Hagger, de Oostenrijkse chef-kok aan het hof van Salzburg en auteur van *Neues Saltzburgisches Koch-Buch* (1719), meende dat de taart al bereid werd in de 18de eeuw. Zijn boek werd jarenlang als de bijbel van de banketbakker beschouwd. De tarte aux corins is een typisch Waals gebak en wordt vooral in Luik, Bergen en Verviers gemaakt.

Tarte aux Corins

The tarte aux corins, also known by the name of *Linzertaart*, is a tart made from shortcrust pastry, covered in a layer of frangipane and topped with prune sauce. Conrad Hagger, the Austrian chef at the court of Salzburg and the author of *Neues Saltzburgisches Koch-Buch* (1719), was under the impression that this tart was already being made in the 18th century. For many years his book has been considered to be the pastry baker's bible. The tarte aux corins is a typical Walloon delicacy and is produced primarily in Liège, Mons and Verviers.

Tarte aux corins

La tarte aux corins est aussi connue sous le nom de *Linzertaart*, une tarte en pâte sablée, couverte d'une fine couche de frangipane, puis de compote de prunes. Conrad Hagger, le maître-queux autrichien à la cour de Salzbourg et auteur de la *Neues Saltzburgisches Koch-Buch* (1719), croit savoir que l'on a déjà préparé cette tarte au 18e siècle. Pendant des années, son livre est considéré comme la bible des pâtissiers. La tarte aux corins est une pâtisserie typiquement wallonne que l'on confectionne surtout à Liège, Mons et Verviers.

Tarte de Chaumont-Gistoux

De taarten van Chaumont-Gistoux zijn een soort traditionele boerentaarten die bekend zijn geworden sinds de familie Brosteaux in 1945 een winkel opende in Chaumont. De taarten zijn rond of vierkant en bestaan in meer dan veertig varianten zoals suiker-, flan-, kaas- en fruittaarten.

Chaumont-Gistoux Tart

Available in forty different varieties, round-shaped as well as square-shaped, the tarts of Chaumont-Gistoux have acquired fame ever since the Brosteaux family opened their shop in Chaumont in 1945. These gourmet tarts are traditional farmer's pastries and include delicacies such as sugar tarts, egg custard tarts, cheesecakes and fruit tarts.

Tarte de Chaumont-Gistoux

Les tartes de Chaumont-Gistoux sont devenues célèbres depuis que la famille Brosteaux a ouvert un magasin à Chaumont en 1945. Les tartes se déclinent en quarante variantes, tant carrées que rondes. Il s'agit d'une sorte de tarte paysanne traditionnelle comme les tartes au sucre, au flan, au fromage et aux fruits.

Tarte du Lothier

La tarte du Lothier uit Genappe wordt gemaakt op basis van rijst-griesmeel op een bedje van abrikozencompote en geparfumeerd met bittere amandelen. Om deze taart en ook het bier van Lothier te promoten werd in 1989 een broederschap opgericht.

Lothier Tart

A gastronomic specialty of Genappe, Lothier tart is made from rice semolina resting on a bed of apricot compote and delicately perfumed with bitter almonds. A brotherhood was founded in 1989 to promote this tart and also the regional beer of Lothier.

Tarte du Lothier

La tarte du Lothier de Genappe est fabriquée à base de semoule de riz sur un lit de compote d'abricots et parfumée aux amandes amères. Une confrérie a été fondée en 1989 afin de promouvoir cette tarte ainsi que la bière de Lothier.

Tarte du Vi Paurin

La tarte du Vi Paurin is een soort appeltaart met afwisselend een laagje banketbakkersroom, een laagje zure appels en in rum geweekte rozijnen. De taart wordt afgewerkt met suiker en amandelen. Grootmoeders uit de buurt van Rixensart zouden langs velden en wegen appels van wilde appelbomen verzamelen om er taarten voor hun kleinkinderen mee te bakken. De naam Paurin zou afkomstig zijn van het Franse *pour rien / pô rin*, letterlijk 'voor niets'. Dit zou verwijzen naar de spaarzame of zelfs gierige inwoners van Rixensart die alles probeerden te kopen aan de laagste prijs of zelfs gratis, 'voor niets'.

Tarte du Vi Paurin

Tarte du Vi Paurin is a kind of apple tart filled with alternate layers of vanilla custard, slices of sour apples and raisins left to soak in rum. The tart is finished off with sugar and almonds. In the old days grannies living in the Rixensart area are said to have collected apples from apple trees growing in the wild to bake tarts with them for their grandchildren. The name Paurin is claimed to be a derivation of the French *pour rien / pô rin*, literally meaning 'for free'. This is believed to refer to the economical or even stingy inhabitants of Rixensart who tried to get everything for the lowest price or even 'for free'.

Tarte du Vi Paurin

La tarte du Vi Paurin est une sorte de tarte aux pommes avec, en alternance, une couche de crème pâtissière, une couche de pommes acides et des raisins macérés dans du rhum. La tarte est décorée de sucre et d'amandes. On raconte que les grands-mères des environs de Rixensart auraient glané les pommes de pommiers sauvages le long des champs et des chemins pour les incorporer dans des tartes destinées à leurs petits-enfants. Le nom de 'Paurin' serait originaire des termes français 'pour rien / pô rin', référence aux habitants de Rixensart, économes, voire radins, qui essayaient de tout acheter au plus bas prix, si possible 'pour rien'.

Tartine russe

De Tartine russe, een klassieker onder de Belgische desserts, is een krokant gebak rijk aan boter en suiker met de smaak van karamel en vanille-boterroom. De naam doet vermoeden dat het gebak van Russische oorsprong is. Bepaalde bronnen denken ook in deze richting, verwijzend naar de aanwezigheid van Russische soldaten in onze contreien. De rijkdom aan calorieën die in de receptuur aanwezig is, doet vermoeden dat de oorsprong van de Tartine russe in koudere gebieden ligt.

Tartine russe

The tartine russe, a real icon among the Belgian cake and pastry specialties, is a crunchy pastry rich in butter and sugar with a delicate taste of caramel and vanilla butter cream. The name of this dessert makes it likely that the pastry was of Russian origin. Hence certain sources think along these lines, referring to the presence of Russian soldiers in our parts. The recipe which is rich in calories may also be an indication of the fact that the origin of the tartine russe is to be found in colder areas.

Tartine russe

La tartine russe est un classique des desserts belges. Il s'agit d'une pâtisserie croustillante, riche en beurre et en sucre, aromatisée au caramel et à la crème au beurre vanillé. D'après le nom du gâteau, on suppose qu'il est d'origine russe. Certaines sources tendent dans ce sens, se référant à la présence de soldats russes dans nos contrées. L'abondance calorique affichée par la recette porte à croire que l'origine de la tartine russe se situe dans des régions plus froides.

Tattepoem

De tattepoem is een gebak gemaakt van gerezen luxedeeg dat gevuld wordt met appelmoes en stukken griessuiker. Het woord 'tattepoem' komt uit het Waalse dialect en staat voor *tarte aux pommes* (appeltaart). Oorspronkelijk werd de tattepoem zowat her en der gemaakt met resten van deeg (vlaai) en stukjes appel, gebakken in een afkoelende houtoven.

Tattepoem

A lovely gourmet treat, this apple pie is made with luxury dough that has been left to rise and is filled with apple sauce containing bits of sugar. The Flemish word *tattepoem* is derived from the Walloon dialect and means *tarte aux pommes* (apple pie). Originally this delicious pie was made in different regions with leftovers of dough *(vlaai)* and pieces of apple, baked in a wood oven that was cooling down.

Tattepoem

La tattepoem est une pâtisserie réalisée à base de pâte fantaisie et fourrée de compote de pommes et de sucre semoule agglutiné. Le terme 'tattepoem' vient du dialecte wallon et signifie 'tarte aux pommes'. A l'origine, on préparait la tattepoem dans différentes régions avec des restes de pâte (clafoutis) et des morceaux de pommes, que l'on faisait cuire au four à bois en train de refroidir.

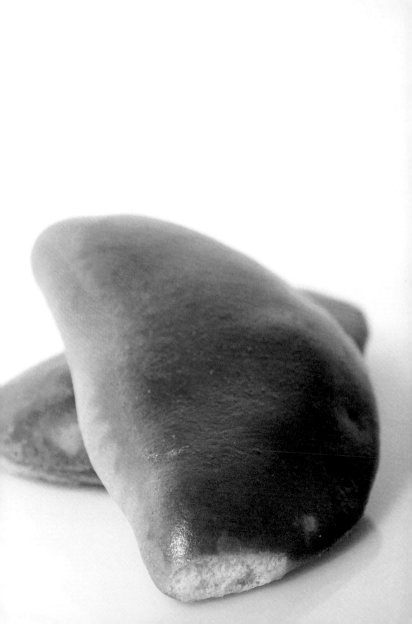

Tompoes

De tompoes is een bladerdeeggebakje gevuld met vanillepudding en bovenaan ingestreken met abrikozenconfituur en suikerglazuur. Zijn naam verwijst naar Charles S. Stratton, beter bekend als Tom Pouce of General Tom Thumb (1838-1883). Deze wereldberoemde *midget* of minimens werd in de showwereld geïntroduceerd door P. T. Barnum en trok door de Verenigde Staten en Europa. Toen Tom Pouce Amsterdam bezocht in 1857-1858 creëerde een slimme, lokale bakker een gebakje met diens naam.

Tompouce

The lovely tompouce (in Flemish *tompoes*) is a little cake made from puff pastry, filled with vanilla custard, topped with apricot jam and sugar icing. The name of this iconic little delight refers to Charles S. Stratton, more commonly known as Tom Pouce or General Tom Thumb (1838-1883). The world-famous midget or little person was introduced into the show business by P. T. Barnum and traveled around the United States of America and Europe. When Tom Pouce visited Amsterdam in 1857-1858, a clever local baker created a little cake for the occasion and named it after him.

Tom-pouce

Le tom-pouce est une pâtisserie en pâte feuilletée fourrée de flan à la vanille et enduite en son sommet de confiture d'abricots et d'un glaçage de sucre. Il tient son nom de Charles S. Stratton, mieux connu sous le dénominatif de Tom Pouce ou de General Tom Thumb (1838-1883). P. T. Barnum introduit ce nain de réputation planétaire dans le monde du spectacle et lui fait traverser les Etats-Unis et l'Europe. Suite à sa visite, un boulanger amstellodamois futé crée une pâtisserie à son nom (1857-1858).

Tongerse mop

De Tongerse mop is een soort peperkoek op basis van bloem, bakpoeder, anijs, honing, kandijstroop en kandijkorrelsuiker. Het koekje wordt in een speciale houten vorm geprint en is donkerbruin met lichte stippen. De oorsprong van de Tongerse moppen gaat terug tot 1900, volgens sommige bronnen zelfs tot in 1750. Rond 1980 werd het recept op punt gesteld door H. Menten. De moppen worden per twintig in doosjes verkocht en kunnen gemakkelijk bewaard worden op een donkere, vochtige plaats.

Tongeren Mop

The *mop* from Tongeren is a kind of gingerbread biscuit made from flour, baking powder, aniseed, honey, candied syrup and granulated candy sugar. The dark-brown delicacy is covered in dots with a lighter shade due to the candy granules and it is baked in a special wooden mould. The origin of the biscuit dates back to the year 1900, according to other sources it even goes back as far as 1750. The recipe was finalized around 1980 by H. Menten. *Moppen* are sold in pretty little boxes of twenty and are easy to keep when stored in a humid dark place.

Mop de Tongres

Le mop de Tongres est une sorte de pain d'épices à base de farine, de levure chimique, d'anis, de miel, de mélasse et de granulés de sucre candi. Le biscuit est brun foncé, moucheté des taches plus claires des granulés de sucre candi. Il est formé dans un moule spécial en bois. La pâtisserie remonte à 1900. Selon certaines sources, elle daterait même de 1750. Vers 1980, H. Mentens fixe la recette. Ces biscuits aux épices se vendent par boîtes de vingt et se conservent aisément en un endroit sombre et humide.

Toverbal

Een toverbal is een grote, ronde suikerbal die uit verschillende ge-kleurde laagjes bestaat. Terwijl de bal wordt afgelikt of opgezogen, verandert hij van kleur, vandaar de naam. De toverbal wekt bij velen nostalgie op en is vooral geliefd bij kinderen. Toverballen zijn nog steeds te koop in de traditionele snoepwinkeltjes.

Gobstopper

Gobstoppers, known as *toverballen* (magic balls) in Belgium, are large, round balls of sugar which are sucked or licked, being too hard to bite without risking dental damage. Gobstoppers usually consist of several layers, each layer dissolving to reveal a different coloured (and sometimes different flavoured) layer, before dissolving com-pletely. Gobstoppers have been sold in traditional sweet shops for at least a century, often sold by weight from jars. As gobstoppers dissolve very slowly, they last a very long time in the mouth, which is a major factor in their enduring popularity with children.

Boule magique

La boule magique est un gros ballon de sucre composé de dif-férentes couches colorées. Au fur et à mesure que l'on suce le bon-bon, il change de couleur, d'où son nom. La boule magique est pour beaucoup une friandise 'nostalgique' évoquant l'enfance. D'ailleurs, les enfants en raffolent. Aujourd'hui, on trouve encore des boules magiques chez d'authentiques confiseurs.

Vatelgebak

Vatel wordt gemaakt van vanille- of amandelbiscuit met mokka-boterroom. De taart bestaat zowel in ronde als in vierkante vorm en wordt sober afgewerkt, met de naam 'Vatel' in chocoladeletters of met een stukje okkernoot. De naam verwijst naar de wereldbe-roemde Franse kok François Vatel. Hij organiseerde in de 17de eeuw feesten voor Nicolas Fouquet in het kasteel van Vaux-le-Vicomte en later ook voor de prinsen van Condé in het kasteel van Chantilly. Madame de Sévigné schreef in een van haar brieven dat Vatel zelf-moord pleegde omdat het visgerecht op het feest voor Lodewijk XIV te laat werd geserveerd.

Vatel Sponge

Vatel sponge is made from vanilla or almond sponge cake and mocha butter cream. This delicious gourmet pastry comes in a round-shaped as well as in a square-shaped version. The decoration of this light dessert is very sober; the sponge is usually just topped with a piece of walnut or the name 'Vatel' written in chocolate letters. The Vatel sponge refers to the world-famous French chef François Vatel, who organised parties in the 17th century for Nicolas Fouquet in the castle of Vaux-le-Vicomte and later on also for the Princes of Condé in the castle of Chantilly. Madame de Sévigné wrote in one of her letters that Vatel committed suicide because the fish course at a party organised in honour of Louis XIV had been served late.

Vatel

Le vatel est confectionné à base de biscuit à la vanille ou aux aman-des, avec de la crème au beurre au moka. La tarte est ronde ou carrée avec une finition sobre. Elle porte le nom 'Vatel' en caractères choco-latés ou avec un morceau de noix. Le nom fait référence au cuisinier français de réputation mondiale François Vatel qui, au 17e siècle, or-ganisait les fêtes de Nicolas Fouquet au château de Vaux-le-Vicomte. Plus tard, il travailla aussi au service des princes de Condé, au château de Chantilly. Dans l'une de ses lettres, Madame de Sévigné écrit que Vatel s'est suicidé car, lors de la fête donnée en l'honneur de Louis XIV, le plat de poisson a été servi trop tard.

Vaution

Vaution is een platte taart uit Verviers gemaakt van taartdeeg en laagjes bruine suiker en boter. Over de oorsprong van de naam vaution bestaan verschillende theorieën. Volgens sommigen komt het van wandion, wat 'punaise' betekent in het dialect van Verviers. Anderen beweren dat het te maken heeft met het woord *vôte* (pannenkoek).

Vaution Tart

The sugary Vaution tart is a very flat tart made from dough that has been left to rise and filled with layers of brown sugar and butter. There are different theories about the origin of the name *Vaution*. Some claim it is derived from *wandion*, meaning 'drawing pin' in the local dialect of Verviers (this would refer to the fact that the tart is so flat). Others say it is related to the word *vôte* (pancake).

Vaution

Le vaution de Verviers est une tarte plate à base de pâte à tarte, de couches de sucre brun et de beurre. Il existe différentes théories sur l'origine du nom 'vaution'. Selon certains, il viendrait de 'wandion', qui signifie 'punaise' en dialecte de Verviers. D'autres affirment que le terme est lié au mot 'vôte' (crêpe).

Vollaard

De vollaard of cougnou is een langwerpige koek met twee 'hoofden' verwant aan de kramiek. Zijn smaak is echter verfijnder door de grotere hoeveelheid boter die erin verwerkt wordt. De koeken met rozijnen, krenten en suikerkindjes of goudpapieren sterren worden vooral in de kuststreek, Charleroi, Borinage, Doornik, Andenne en het gebied tussen Samber en Maas verkocht. De geschiedenis gaat terug tot de offerkoeken in de vorm van een been, die de Germanen als voedsel aan hun goden schonken. In de 17de eeuw werd de vollaard een nieuwjaarsgebak waarop een munt (de patakon) lag, door peters en meters aan hun petekinderen als cadeau gegeven.

Vollaard Sweet Bread

Oblong-shaped, with two 'heads', this delicacy is a pastry closely related to the sweet bread. Its taste is however more refined because of the large amount of butter that is used. This unique example of folk art, decorated with raisins or currants, a baby figurine made from sugar or a star made of gold-coloured paper, is especially popular at the seaside, in Charleroi, the Borinage, Tournai, Andenne and in the area between the rivers Sambre and Meuse. The history dates back to the sacrificial pastries shaped in the format of a leg, which the Germanic tribes would donate to their gods as food. In the 17th century the *vollaard* became a New Year's pastry carrying a coin (the so-called *patakon*), which was presented by godfathers and godmothers to their godchildren as a gift.

Cougnou ou Cognole

Le cougnou est un long gâteau 'à deux têtes', apparenté au cramique. Toutefois, sa saveur est plus raffinée, grâce à l'importante quantité de beurre que l'on y incorpore. Les gâteaux aux raisins secs, aux raisins de Corinthe, décorés d'un petit Jésus en sucre ou d'une étoile en papier doré, se vendent surtout dans la région côtière, à Charleroi, dans le Borinage, à Tournai, à Andenne et dans l'Entre-Sambre-et-Meuse. L'histoire du cougnou remonte aux Germains, qui offraient en sacrifice à leurs dieux des pains à consacrer en forme d'os, en guise de nourriture. Au 17e siècle, le cougnou devient une pâtisserie de Nouvel An sur laquelle parrains et marraines déposent une pièce de monnaie – le *patakon* – avant de la donner à leurs filleuls.

Wentelteefje

Het wentelteefje, ook wel eens verloren of gewonnen brood of in West-Vlaanderen 'klakaard' genoemd, wordt gemaakt met sneetjes brood die in een mengsel van melk, eieren, suiker en soms een mespuntje kaneel worden geweekt. Daarna worden de geweekte boterhammetjes in een pan goudbruin gebakken. Bij het serveren worden ze met suiker bestrooid.

French Toast

A popular breakfast delicacy, French toast or eggy bread is known in Flanders as *wentelteefje*, *verloren brood* or *gewonnen brood* and in West-Flanders also as *klakaard*. It is created by dipping slices of bread in a mixture of milk, eggs and sugar, sometimes enriched with a pinch of cinnamon. The coated bread slices are then fried in a frying pan until both sides are a nice golden brown. The slices are usually served sprinkled with sugar.

Pain perdu

Le pain perdu, aussi nommé *klakaard* en Flandre-Occidentale, est préparé avec des tranches de pain qu'on laisse tremper dans un mélange de lait, d'œufs et de sucre avec parfois une pointe de cannelle. Ensuite, on fait dorer à la poêle les tranches de pain ayant absorbé le mélange lait-œufs-sucre. Avant de servir le pain, on le saupoudre de sucre.

Wipper of mottebol

Wippers zijn harde karamellen die in suikerbloem zijn gerold om te vermijden dat ze aaneenkleven. De naam zou ontstaan zijn toen een meestergast zich te lang liet afleiden door de meid; de karamel bleef te lang doorkoken en werd harder dan nodig. In West-Vlaanderen zijn deze snoepjes bekend onder de naam 'mottebollen'.

Wipper or Mottebol

The tasty *wippers* are hard toffee sweets coated in sugary flour to avoid them sticking together. The name allegedly originated when a foreman was distracted too long by the maid; the toffee kept on boiling and became harder than necessary. In the region of West-Flanders these toffee sweets are known as *mottebollen*.

Wipper ou mottebol

Les *wippers* sont des caramels durs roulés dans le sucre glace pour éviter qu'ils ne collent les uns aux autres. On raconte que le nom serait apparu alors qu'un contremaître se serait laissé séduire et embobiner pendant un laps de temps trop long par une servante. Le caramel aurait cuit trop longtemps et aurait exagérément durci. En Flandre-Occidentale, ces friandises sont connues sous le nom de *mottebollen*.

Wolfsgrachtbrood

Wolfsgrachtbrood of *Pain à la grecque* is een rechthoekige, platte, krokante lekkernij waarbij de gekaramelliseerde suiker de smaak bepaalt. De Franse naam van het koekje heeft niets met Griekenland te maken, maar is een verbastering van het woord 'grecht' – gracht. De Brusselse Augustijnerpaters hadden hun abdij vlak bij de Wolvengracht en deelden brood uit aan de armen. In een andere versie van het verhaal is het een bakker van de Wolvengrachtstraat die het brood voor het eerst maakte. Jammer genoeg is het niet duidelijk hoe het brood der armen evolueerde tot het verfijnde koekje.

Pain à la grecque

If you are looking to enjoy a typical Brussels biscuit, *Pain à la grecque* is just what you need. The caramelised sugar is responsible for the delicious taste of this rectangular-shaped, flat, crumbly and crispy biscuit, which is topped with sugar pearls. Contrary to what its name might suggest, the biscuit is not related to Greece at all. The word *grecque* is a degeneration of the Flemish *grecht*, meaning 'ditch'. Some sources say that the Brussels religious community of Augustine monks who were living in an abbey close to the *Wolvengracht* (Wolves' Ditch) used to hand out this pain à la grecque (literally meaning 'bread of the ditch') to the poor people. Others claim that it was a baker living in the *Wolvengrachtstraat* (Wolves' Ditch Road) who was the first one to make this savoury bread. Unfortunately it is not clear how the bread of the poor people evolved into this refined biscuit.

Pain à la grecque

Le pain à la grecque est savoureux, croustillant, plat et rectangulaire. C'est le sucre caramélisé qui en détermine le goût. Le nom du gâteau n'a rien à voir avec la Grèce mais est la déformation du mot *grecht*, fossé. La congrégation des Pères Augustins de Bruxelles vivait dans une abbaye près du Fossé-aux-Loups et les pères distribuaient du pain aux démunis. Selon une autre version, un boulanger de la rue du Fossé-aux-Loups aurait confectionné ce pain pour la première fois. Malheureusement, on ne sait pas exactement comment le pain des pauvres a évolué jusqu'à devenir un biscuit raffiné.

Zacht of Parijs wafeltje

Een dun, licht wafeltje waarvan de grootte van de cellen varieert volgens het gebruikte wafelijzer. Het recept bevat bloem, boter, suiker, eieren en een smaakstof zoals vanille of citroenschil. Het zachte deeg wordt met een spuitzak op het hete wafelijzer gespoten, dat daarna wordt dichtgeklapt. Het resultaat wordt ook wel eens een 'Parijs wafeltje' genoemd, hoewel de wafeltjes in de Franse hoofdstad niet bekend zijn.

Soft or Paris Wafer

A charming and exciting gourmet treat, these soft wafers are light, airy butter wafers; the size of the wafer cells depends on the wafer iron that has been used. The main ingredients are flour, butter, sugar, eggs and a gentle whisper of flavouring such as vanilla or lemon zest. Using a piping bag the soft dough is piped onto the hot wafer iron, which is then snapped shut. The end product, a golden brown crumbly delight is sometimes also called 'Paris wafer', although these wafers are not known in the French capital.

Gaufre tendre ou parisienne

Il s'agit d'une gaufrette légère et fine dont la taille des alvéoles dépend du moule à gaufres utilisé. La recette comporte de la farine, du beurre, du sucre, des œufs et un aromatisant de type vanille ou zeste de citron. La pâte tendre est pressée sur le moule à gaufres chaud à l'aide d'une poche à douille, puis on ferme la forme en métal. Le résultat est parfois qualifié de 'gaufre parisienne', bien que cette gaufrette soit inconnue dans la capitale française.

Zeevrucht

Met 'zeevruchten' bedoelt men een assortiment pralines met hazelnoten-pralinévulling. Hun vormen variëren van kleine en grote schelpen tot mosselen, garnalen, slakken, zeepaardjes en zeesterren. Zeevruchten hebben een gemarmerd uitzicht door het gebruik van zowel witte als fondantchocolade en in sommige gevallen ook rozegekleurde chocolade. Ze worden verpakt in een ballotin of een grote zeevruchten-chocoladefiguur. De zeevrucht is ook het logo geworden van de grote chocoladeproducent Guylian.

Sea Shell

Loved by chocolate connoisseurs all over the world, sea shells are a range of exquisite, carefully crafted chocolates filled with a delicious roasted hazelnut praline. These little indulgences come in beautifully sculptured shapes including little and big shells, mussels, shrimps, snails, sea horses and starfish. A blend of white and dark Belgian chocolate, and in some cases also pink-coloured chocolate, the sea shells have a marbled appearance. Different types of packaging are available, from simple small, elegant boxes to large sea shell chocolate figures. The sea shells have also become the logo of the leading chocolate manufacturer Guylian, selling Belgian chocolates worldwide in 104 countries.

Fruit de mer

L'appellation générale de fruits de mer couvre un assortiment de pralines fourrées noisettes-praliné. Les formes varient, des petits et grands coquillages aux moules, en passant par les crevettes, les escargots, les hippocampes et les étoiles de mer. Les fruits de mer ont un aspect marbré, dû à l'utilisation de chocolat blanc et fondant et, dans certains cas, de chocolat coloré rose. Ces fruits de mer sont emballés dans un ballotin ou une large figurine de fruit de mer en chocolat. L'important producteur de chocolat Guylian a choisi l'un de ces fruits de mer en guise de logo.

Z Zoethout

Voor zoethout of kalissehout wordt de wortel van de zoethoutboom gebruikt. Geweekt in de mond komen de vezels van de stok los, geven ze hun smaak af en vormen ze uiteindelijk een borsteltje of kwastje. De wortel van de zoethoutboom wordt ook gebruikt om een zwart, ingedikt sap te maken dat als basis dient voor drop.

Liquorice Wood

A nostalgically-charged sweet from days gone by, liquorice wood consists of long strips of thin root from the liquorice plant. When chewed the fibres come apart from the stick, they release their flavour and finally form a little brush or tuft. The liquorice root is also used for its liquorice extract, produced by boiling liquorice root and subsequently letting most of the water evaporate. The black liquorice extract is traded both in solid and syrup form and is used as the main ingredient for manufacturing liquorice sweets.

Réglisse

On utilise la racine du bois de réglisse pour… le réglisse. Imbibées de salive dans la bouche, les fibres se détachent du bâton, dégagent leur saveur et forment finalement un petit pinceau. La racine du bois de réglisse est aussi utilisée pour fabriquer un jus noir et épais, servant de base aux bonbons à la réglisse.

Zure hostie

Zure hosties lijken een beetje op kleurige vliegende schotels, worden gemaakt van eetbaar papier en zijn gevuld met friszuur poeder. Ze vinden hun oorsprong in de wereld van de farmacie. Apothekers gebruikten de hosties om er bittere geneeskrachtige kruiden in te verstoppen zodat de patiënt de vieze smaak niet zou proeven. De hosties werden later vervangen door capsules van eetbaar plastiek en kregen een nieuw bestaan in de wereld van het snoepgoed.

Flying Saucer

The popular flying saucer shaped sweets, known in Dutch as *zure hosties* (sour hosts), come in pretty pastel colours. They have an outer edible rice paper casing and a tangy, sharp sherbet filling. The flying saucer has its origins in the pharmaceutical environment. Pharmacists used the edible casings to hide acrid medicinal herbs in, so the patient would not notice their horrible taste. Later on the saucers were replaced by edible plastic capsules and they started a new career in the world of sweets.

Hostie citrique

Les hosties citriques ressemblent vaguement à des soucoupes volantes colorées. On les fabrique à partir de papier comestible, qu'on remplit de poudre citrique. La soucoupe volante trouve son origine dans les officines pharmaceutiques. Les pharmaciens utilisaient des hosties pour y dissimuler les herbes médicinales amères de manière à ce que les patients ne soient pas rebutés par leur goût désagréable. Par la suite, on remplace ces hosties par des gélules de plastique comestible, et les soucoupes trouvent une nouvelle fonction dans le monde des friandises.

Zwarte-Woudtaart

Deze taart is rond, zo'n zes à acht centimeter hoog en bestaat uit drie lagen biscuitgebak met kirsch, chocolade, kersen en slagroom. Vroeger werd de taart met chocoladekrullen en toefjes slagroom afgewerkt, maar tegenwoordig wordt ze vaak bekleed met plakken chocolade. De naam van de taart verwijst naar haar Duitse oorsprong. Het gebak maakt deel uit van het grote assortiment van banketgebak van de Belgische bakkers en wordt afgewerkt met echte Belgische chocolade.

Black Forest Gâteau

This classic dessert comes from southern Germany and also uses the two main ingredients from that region – Kirsch and cherries. Round-shaped, six to eight centimeters high, this lovely pastry consists of three layers of sponge cake. Sandwiched together using a mixture of Kirsch, chocolate, cherries and whipped cream, its taste evokes images of the cherry orchard in high summer. It used to be decorated with chocolate curls and blobs of whipped cream, but these days it is often just covered with large shards of chocolate. This lovely sponge cake is part of the large assortment of pastries made by Belgian bakers and is finished off with authentic Belgian chocolate.

Forêt noire

Cette tarte est ronde, quelque six à huit centimètres de haut et se compose de trois couches de biscuit avec du kirsch, du chocolat, des cerises et de la crème fraîche. Dans le temps, l'on achevait la tarte de boucles de chocolat et de rosettes de crème fraîche mais actuellement, on la couvre de plaques de chocolat. Le nom de la tarte fait référence à son origine allemande. La pâtisserie compte parmi le vaste assortiment de gâteaux des boulangers belges et sa finition se compose de véritable chocolat belge.

INDEX

Alfabetische index

Alphabetical index

INDEX

Index alphabétique

Met dank aan/Thanks to/Remerciements

A la Voûte Boulangerie -
Pâtisserie
3 rue du Moustier,
6530 Thuin
00 32 71 59 00 02
www.alavoute.be

Baert Rik Masterbaker
Gistelsesteenweg 386,
8200 Sint-Andries
00 32 50 38 11 67

Bakker Bert
De Breyne Peellaertstraat 10,
8600 Diksmuide
00 32 51 51 17 35
www.bakkerbert.be

Bakkerij-, Slagerij- en Hotelschool
Ter Groene Poorte
Spoorwegstraat 14,
8200 Brugge
00 32 50 40 30 20
www.tergroenepoorte.be

Blankaert Patisserie - Bart Menten
Maastrichterstraat 62,
3700 Tongeren
00 32 12 23 14 78

Blomme
Gistelsesteenweg 169,
8490 Varsenare
00 32 50 38 80 29
www.confiserieblomme.be

Bouckaert Brood- en Banketbakkerij
Hansbekestraat 10,
9850 Merendree
00 32 9 371 84 58

Broederschap van de
Geraardsbergse Mattentaart
www.mattentaart.be

Carmina bvba Chocolaterie -
Confiserie
Van Heetveldelei 66,
2100 Deurne
00 32 3 326 40 39
www.chocolateriecarmina.be

Ceulemans-Janssens Brood & Banket
Lispersteenweg 268,
2500 Lier
00 32 3 480 65 81

Cleners Erwin Brood- & Banketbakkerij
Prattenborgstraat 41,
3270 Scherpenheuvel
00 32 13 77 15 54

Clos Bernardin
9-11, rue Emile Vandervelde
6220 Fleurus
00 32 71 81 46 82
www.leclosbernardin.be

Courcelles Patisserie
Doornikstraat 8,
8500 Kortrijk
00 32 56 22 06 81

De Hollander Vera
Pannestraat 167,
8630 Veurne
00 32 58 31 24 16
www.veurnsemeringuetaart.be

Delahaye Peter
Ouwegemstraat 68,
9750 Ouwegem
00 32 9 384 46 44
www.ouwegemsefluitjes.be

Demaret Boulangerie et Pâtisserie
6, avenue de Mérode
1330 Rixensart
00 32 10 24 47 37
www.patisseriedemaret.be

Désiré de Lille
Schrijnwerkersstraat 16,
2000 Antwerpen
00 32 3 233 62 26
www.desiredelille.be

Jules Destrooper
Gravestraat 5,
8647 Lo
00 32 58 28 80 41
www.destrooper.be

Gatzen Marc
Dorpstraat 24,
2382 Poppel
00 32 14 65 52 63
www.toerismeravels.be

Geldhof Confiserie
Tieltsesteenweg 105-107,
9900 Eeklo
00 32 9 377 21 59
www.conf-geldhof.be

Hotel- en Toerismeschool Spermalie
Snaggaardstraat 15,
8000 Brugge
00 32 50 33 52 19
www.spermalie.be

Jacobs Pâtisserie
147, rue Grande
5500 Dinant
00 32 82 22 21 39

Jan van Gent Artisanale Suikerbakkerij
Kerzelare 98,
9700 Oudenaarde
00 32 55 30 49 00

Joris Suikerbakkerij bvba
Groot-Bijgaardenstraat 471-477,
1082 Brussel
00 32 2 465 03 69
www.joris-sweets.be

Kasteel Casier Tea-Room
Stationsstraat 34,
8790 Waregem
00 32 56 32 87 83

Mokkadis - Karijn Springael
Hoornstraat 12,
1200 Halle
00 32 2 361 45 55
www.springael.be

Muller Boulangerie -
Pâtisserie Artisanale
67, rue de Heusy
4800 Verviers
00 32 87 33 35 23

Normandie Pâtisserie - Boulangerie
76-78, Avenue Jean Materne
5100 Jambes
00 32 81 30 34 46

Oud Huis Deman
Anne De Meester
Vulderstraat 42,
8000 Brugge
00 32 50 33 86 88
www.oudhuisdeman.be

Parrein
Oekenestraat 149,
8800 Rumbeke-Roeselare
00 32 51 20 30 74
www.parrein.com

Solbreux-Decamps Didier
Pâtisserie-Boulangerie-Confiserie
6, rue de Binche
6500 Beaumont
00 32 71 58 80 67

Swinnen Bakkerij.
A. Putzeysstraat 7A,
3320 Hoegaarden
00 32 16 76 61 77
www.bakkerij-swinnen.be

Taelman Bakkerij
Doorniksesteenweg 88,
8580 Avelgem
00 32 56 64 43 73

Temmerman
Kraanlei 79,
9000 Gent
00 32 9 224 00 41

Tompoes Brood & Banket
Bavikhoofsestraat 76,
8520 Kuurne
00 32 56 71 37 34
www.bakkerijtompoes.be

Vanderbeek Michel
Steenweg 36,
2800 Mechelen
00 32 15 20 32 66

Van Hove Pâtisserie
1, place de Lille
7500 Tournai
00 32 69 21 55 49

Vlaaien van Aalst - Nelson
Rampelberg 59,
9310 Baardegem
00 32 52 35 14 18

Vondelmolen
Dendermondsesteenweg 208,
9280 Lebbeke
00 32 52 40 90 40
www.vondelmolen.be

Xaverius
Felix Alen i.s.m. Wim Casteleyn
H. Geeststraat 11a,
3290 Diest
00 32 13 32 57 51
www.xaverius.be

Tekst - Text - Textes
Liesbeth Inghelram
Robert Inghelram

Fotografie - Photography - Photographies
Group Van Damme bvba, Oostkamp (B)

Samenstelling - Composition - Composition
Hilde Deweer
Liesbeth Inghelram
Robert Inghelram

Engelse vertaling - English translation - Traduction anglaise
TAAL-AD-VISIE, Brugge

Franse vertaling - French translation - Traduction française
Eliane Rosenblum

Eindredactie - Final editing - Rédaction finale
Eva Joos
Heide-Mieke Scherpereel

Lay-out en druk - Layout and printing - Mise en pages et impression
Group Van Damme bvba, Oostkamp (B)

Een uitgave van - Published by - Une édition de
Stichting Kunstboek
Legeweg 165
B-8020 Oostkamp
T. +32 (0) 50 46 19 10
F. +32 (0) 50 46 19 18
info@stichtingkunstboek.com
www.stichtingkunstboek.com

ISBN 978-90-5856-288-3
NUR: 440
D/2008/6407/33